MW01705170

NO LE TEMA A WALL STREET

Pablo González Isla

No le tema a Wall Street

Una mirada estratégica, integral y sencilla al mundo de las inversiones financieras

Planeta

González Isla, Pablo
No le tema a Wall Street.- 1ª ed. – Buenos Aires : Planeta, 2006.
272 p. ; 22x14 cm.

ISBN 950-49-1479-9

1. Finanzas 2. Inversiones I. Título
CDD 332.6

Diseño de cubierta: Carolina Cortabitarte
Diseño de interior: Orestes Pantelides

Independencia 1668, C 1100 ABQ, Buenos Aires, Argentina
www.editorialplaneta.com.ar

1ª edición: 2.000 ejemplares

ISBN-13 978-950-49-1479-2
ISBN-10 950-49-1479-9

Impreso en Buenos Aires Print,
Anatole France 570, Sarandí,
en el mes de mayo de 2006.

Hecho el depósito que prevé la ley 11.723
Impreso en la Argentina

Para Baby,
y toda la familia extensa.

Tabla de contenidos

Prefacio

Se requiere una importante cuota de audacia y una importante cuota de cautela para amasar una gran fortuna; y cuando ya la has obtenido, se requiere diez veces más astucia para mantenerla.

Nathan Mayer Rothschild

Propósito y alcance de este libro

Los ingenieros —y también los médicos— se divierten, generalmente, con la confusión que ocasionan en otras personas cuando se juntan a conversar entre ellos en su jerga técnica.

Nadie puede comprenderlos, y ellos lo saben.

Lo mismo ocurre con los banqueros de inversión y administradores financieros profesionales. Ellos hablan en un idioma aparentemente incomprensible, emplean términos tales como rendimientos *(yields)*, Títulos del Tesoro protegidos contra la inflación (TIPS), títulos de inversión en bienes inmuebles (REIT), opciones, acciones de empresas de baja capitalización de mercado *(small caps)*, coeficiente precio-beneficio *(P/E ratio)* y pretenden vaticinar el futuro a partir de gráficos llenos de garabatos. Parecen basar sus estrategias en proyecciones complejas y en la psicología de masas, y es como si vivieran en un universo controlado por ciclos predecibles. Por muchos años, yo también me he visto confundido por su jerga y por los aparentemente complejos y siempre cambiantes instrumentos financieros que ofrecen.

A pesar de que me he formado como ingeniero, tardé muchos años en darme cuenta de que, como en el caso de la ingeniería y la medicina, el mundo de las inversiones financieras también debía tener algunos conceptos básicos, reglas simples y mejores prácticas (*best practices*) que estuvieran al alcance del aprendizaje de casi todas las personas. De más está decir que el aprendizaje de las reglas básicas de la inversión no implica que uno vaya a transformarse automáticamente en un administrador financiero profesional experto, y que será capaz de "ganarse la vida" a partir de ello. Hacerlo tomaría años de estudios sofisticados y capacitación, y una personalidad muy especial.

En la actualidad, nadie duda de que todos deberíamos aprender los conceptos básicos, las reglas y las mejores prácticas que pueden ayudarnos a vivir una vida saludable —evitar el tabaco, ejercitarnos regularmente, etcétera— sin la necesidad de convertirnos en médicos bien preparados. Del mismo modo, el ahorro y la inversión son actividades que deberían interesar a casi todos, dado que pueden afectar significativamente nuestro estándar de vida actual y futuro. El ahorro y la inversión deberían ser parte del estilo de vida de todas las personas. En otras palabras, a medida que progresamos en la vida, todos deberíamos aprender cómo administrar nuestros ahorros eficientemente y transformarnos en inversores exitosos. Como veremos más adelante, delegar completamente la administración de nuestros propios ahorros a inversores profesionales puede ser un error tan grave como innecesario.

Convertirse en un inversor exitoso no significa ganarle al mercado —es decir, obtener un mejor rendimiento que el promedio de los otros inversores—, pues nadie puede conseguirlo de manera constante. En cambio, como bien describe Charles D. Ellis en su libro *Investment Policy*, un inversor llega a ser exitoso "si puede diseñar un programa de inversiones a largo plazo que sea eficaz para obtener los mejores resultados **para sí mismo**". Ésta es la definición de inversor exitoso que usaremos a lo largo de este libro.

Dado que una característica de cualquier inversión es que el retorno (resultado) y el nivel de riesgo van de la mano —es decir, a mayor retorno esperado mayor riesgo—, lo que Ellis nos quiere decir significa que los programas de inversión a largo plazo deberían ser diseñados especialmente para cada individuo. Esto es así porque las personas tienen maneras muy diversas de administrar y aceptar el riesgo, y porque, además, de acuerdo con su edad y su situación patrimonial, poseen necesidades cambiantes y diferentes capacidades para recuperarse de las potenciales pérdidas de una inversión.

El problema para el inversor individual es que, en general, los administradores financieros profesionales brindan el mismo asesoramiento a todas las personas, independientemente de su edad, aversión al riesgo y circunstancias de vida. Más aún, dado que la mayoría de las veces los administradores y asesores financieros se ganan la vida cobrándoles comisiones a sus clientes, esto puede inducir a un exceso de operaciones *(trading)* en la cartera de inversiones. Asimismo, impulsados por los desarrollos tecnológicos y las cambiantes condiciones económicas, los administradores financieros crean constantemente nuevos productos financieros e instrumentos de inversión, que pueden complicar la comprensión de la actividad de inversión.

No le tema a Wall Street está escrito, principalmente, para los inversores individuales que confían sus ahorros a los bancos, a fondos comunes de inversión *(mutual funds)* y a otros administradores financieros, así como también para la gente responsable de administrar los fondos de pensión y otros programas de jubilación. Específicamente, el libro contempla las necesidades de las personas con falta de conocimiento y entrenamiento en finanzas, tales como médicos, dentistas, ingenieros, abogados, artistas, técnicos y todos los jóvenes trabajadores en situaciones similares que comienzan a ahorrar en depósitos a plazo, cajas de ahorro, cuentas individuales de jubilación —denominadas *IRAs, Individual Retirement Accounts*, en los Estados Unidos— y otros instrumentos de inversión. También encontrarán útil este libro los estudiantes de finanzas y administración de empresas, ya que presenta un panorama general de la actividad de la inversión financiera.

El libro describe los aspectos básicos del funcionamiento de los mercados de inversión, la jerga y los conceptos utilizados por personas que administran dinero; ha sido escrito para brindar a los individuos que no son profesionales en finanzas una mejor comprensión de estas actividades para que puedan comunicarse e interactuar mejor con sus asesores financieros.

También es importante enunciar las cuestiones de las que este libro no se ocupa: cómo ser un inversor exitoso siguiendo las prácticas tradicionales de administración de inversiones en cuanto a la selección de acciones y bonos individuales, aprovechando las oportunidades de los mercados mediante el ingreso o egreso de los mismos en el momento "justo" y modificando la composición de la cartera de inversiones muchas veces al año. En cambio, este libro explica cómo entender las teorías y conceptos básicos sobre las inversiones, la jerga empleada por los inversores profesionales y las prácticas ampliamente probadas que uno debe seguir para tener éxito en este juego a lo largo de toda la vida. El propósito del libro es suministrar a los inversores no profesionales las herramientas necesarias para supervisar más efectivamente a los administradores de sus ahorros y para diseñar carteras de inversiones que se ajusten específicamente a sus necesidades y personalidades.

Este libro no explica cómo hacerse rico invirtiendo o especulando en los mercados financieros. Los libros que sostienen esta promesa son un fraude. Aquellos que tratan sobre estrategias de inversión sofisticadas en commodities, derivados o metales preciosos son demasiado peligrosos y poco accesibles para los inversores no profesionales. Aquellos que son enciclopédicos, que lo abarcan todo, dejan al lector confundido y sin saber qué hacer.

Aquellos inversores profesionales y operadores del mercado que creen que la mejor manera de administrar ahorros se basa en una constante búsqueda del aprovechamiento oportuno de los movimientos de los mercados y de los cambios en las condiciones económicas y políticas y que, como resultado, continuamente, modifican la composición de sus carteras de inversiones, deben mantenerse alejados de este libro.

Finalmente, debe tenerse presente la siguiente consideración. Normalmente, los inversores individuales delegan en sus administradores de inversiones las responsabilidades de las que, en realidad, deberían hacerse cargo. Estas responsabilidades son: la comprensión de los conceptos básicos de las inversiones y sus mejores prácticas, el desarrollo de objetivos y políticas de inversión acordes con sus propias fortalezas y limitaciones, y la supervisión de sus asesores financieros para asegurarse de que sus decisiones se estén llevando a cabo.

Este libro intenta ayudar a los inversores no profesionales a hacer simplemente eso.

Y de manera sencilla.

Estructura de este libro

Uno de los principales objetivos del libro es describir, de manera relativamente sencilla, todos los conceptos necesarios y las mejores prácticas involucradas en la actividad de inversión. De hecho, el libro fue escrito con la idea de ser una introducción para todos los otros libros disponibles referentes a la actividad de inversión. En otras palabras, *No le tema a Wall Street* intenta ser el primer libro para un inversor con pocos conocimientos de finanzas, porque verdaderamente facilita la lectura y el análisis de otros escritos sobre este tema. La propuesta apunta a conferir al lector una mirada abarcadora, y a la vez simple, del mundo de las inversiones financieras.

No le tema a Wall Street está estructurado en cuatro partes, conceptualmente vinculadas entre sí y, por consiguiente, debe ser leído secuencialmente. Cada parte se construye sobre la base de la sección precedente.

En "Una definición de inversión", al comienzo del libro, el lector encontrará una descripción fundamental de las diferencias entre inversión y especulación, que establece el alcance del libro.

La primera parte "Mercados de inversión" está dedicada a describir no sólo los principales componentes y usuarios de los mercados financieros, sino también los principales jugadores o participantes y los instrumentos financieros utilizados para el armado de carteras de inversión. Asimismo, se analiza en detalle la teoría de los mercados eficientes y su relación con la economía. El aprovechamiento oportuno de los movimientos de los mercados y la periódica creación de activos sobrevaluados —conocidos como "burbujas de mercado" *(market bubbles)*— son temas que también se tratan en esta parte del libro.

En la segunda parte "Retornos y riesgos de las inversiones", además de una definición preliminar del concepto de riesgo, se explica en detalle la relación fundamental entre riesgo y retorno, así como también la manera en que la inflación puede afectar negativamente los resultados esperados. En esta sección, se analiza también el efecto que el paso del tiempo puede tener en los retornos de una inversión.

La tercera parte "Teoría de la inversión" constituye un intento de explicar de manera muy sencilla las complejas teorías que dan sustento académico a muchos de los conceptos y prácticas usadas por los administradores financieros profesionales. Aquellos lectores que no estén interesados en un entendimiento más profundo de estas teorías, pueden saltear esta parte.

La cuarta parte "Mejores prácticas de inversión", la más sustantiva del libro, se dedica a describir las mejores prácticas *(best practices)* de inversión que tienen un alto grado de consenso entre los administradores financieros y los académicos. Las reglas mágicas no existen en el mundo de las inversiones y no hay un camino rápido hacia la riqueza. Sin embargo, estas sencillas mejores prácticas son todo lo que un inversor necesita saber para alcanzar sus objetivos de inversión a largo plazo.

La inversión es una actividad sofisticada y, como tal, requiere dedicación, compromiso y determinación por parte del inversor. Aunque leer libros no es un buen sustituto de la práctica real de invertir, y en *No le tema a Wall Street* encontrará una descripción abarcadora de los conceptos y prácticas que involucra la inversión, recomendamos fuertemente la lectura de algunos de los libros mencionados en la bibliografía.

La última sección del libro "Glosario de términos" debería ser de gran provecho para el lector, puesto que proporciona una breve definición de los términos y conceptos más comúnmente empleados en la práctica de la inversión financiera, y también presenta sus términos en inglés dado que es práctica frecuente mantenerlos en ese idioma.

Unas palabras de cautela

Si bien los conceptos básicos y las mejores prácticas de inversión son de carácter universal, el funcionamiento de los mercados, los instrumentos financieros (bonos, acciones, etcétera), los impuestos, las leyes y las regulaciones que gobiernan las inversiones financieras pueden variar mucho de un país a otro. Esto es especialmente cierto en el caso de los países en desarrollo.

Por esta razón, cabe aclarar que los mercados, los instrumentos financieros y los intermediarios descriptos y utilizados como ejemplos en el presente libro hacen referencia, principalmente, a los Estados Unidos y a Europa occidental y a otros países desarrollados, a veces con distintos nombres. Aunque los inversores pueden, y deben, aplicar las mejores prácticas de inversión explicadas en este libro a otros mercados, es altamente recomendado buscar asesoramiento, sobre todo en cuestiones relacionadas con los impuestos y el comportamiento específico y las regulaciones de dichos mercados locales.

Reconocimientos

Creo importante contar que, hasta comienzos de 2003, yo era uno de los muchos inversores individuales que delegaban completamente la administración de sus ahorros a un administrador financiero profesional. Dado que no comprendía la jerga financiera de mi asesor, realmente sentía un profundo desdén por esta actividad. Y a pesar de que como ingeniero había estudiado cuestiones de gran complejidad, sentía que la inversión financiera estaba fuera del alcance de mi comprensión. Por ello, este tema no me interesaba y mi actitud hacia la administración de mis propios ahorros era de indiferencia. Las consecuencias prácticas de mi actitud fueron: la frustración por la volatilidad de los resultados anuales y el enojo por no ser capaz de cambiar la situación establecida.

Hace unos años, le pedí ayuda a un amigo, a quien considero un inversor exitoso. Él me convenció de dos cosas. La primera fue la de mantener reuniones periódicas con mi administrador financiero profesional. Estas reuniones resultaron ser extremadamente importantes porque me permitieron darme cuenta de que, después de recibir una explicación, tanto la mayoría de los conceptos como la jerga financiera eran sencillos y de sentido común. La otra contribución importante de mi amigo fue la de insistir en la idea de que era yo quien debía asumir la responsabilidad de administrar mis propios ahorros, mediante un esfuerzo para entender los conceptos, las reglas y las prácticas de inversión financiera.

Desde entonces, además de embarcarme en la lectura y el estudio de más de treinta libros sobre inversiones, durante el año 2003 convencí a otros amigos, que se encontraban en una situación similar, de que asistiéramos a un curso sobre mercados financieros ofrecido por una universidad local.

Hoy siento que, si bien nunca seré un experto en materia de finanzas e inversiones, puedo explicar los conceptos y prácticas básicas a otros inversores no profesionales y, más importante aún, que he ganado el control sobre mis propias decisiones financieras.

Por último, estoy muy agradecido a aquellos amigos —algunos de ellos inversores muy exitosos— por la lectura de los distintos borradores y por las muy valiosas recomendaciones sobre los conceptos y prácticas presentadas en este libro.

Una definición de inversión

Hay dos momentos en la vida de un hombre en que éste no debería especular: cuando no cuenta con los recursos para darse ese lujo y cuando sí los posee.

MARK TWAIN

Para comenzar a invertir, no espere el momento justo o que el mercado esté como usted lo desea: comience ahora mismo. El mejor momento para plantar un roble fue hace 20 años, el segundo mejor momento es ahora.

JAMES STOWERS

Existen muchas buenas definiciones sobre el juego de la inversión, pero una de las mejores es la que proporciona Burton G. Malkiel en su libro *Un paseo aleatorio por Wall Street (A Random Walk Down Wall Street).* "Invertir", dice Malkiel, "se asemeja, en cierto sentido, a hacer el amor. En última instancia, constituye un verdadero arte que requiere de cierto talento y de la presencia de una misteriosa fuerza denominada suerte. Sí, la suerte puede ser responsable, en un noventa y nueve por ciento, del éxito de las pocas personas que han obtenido rendimientos mayores a los promedios del mercado. Asimismo, el juego de la inversión es como hacer el amor en otro aspecto importante: es demasiado entretenido como para dejarlo".

En esta definición, y de manera implícita, Malkiel describe la razón por la cual su exitoso libro se titula *Un paseo aleatorio por Wall Street*. El autor emplea el término "aleatorio" (*random*) para denotar que los mercados financieros sofisticados son tan eficientes y los jugadores (inversores individuales y administradores financieros profesionales) tan competentes, que nadie puede realmente ganarle a los promedios del mercado de manera consistente por un largo período de tiempo.

Pero la definición se completa recién cuando Malkiel habla de la diferencia entre inversión y especulación: "La **inversión** es un método de compra de activos para obtener utilidades en la forma de ingresos razonablemente predecible (dividendos, intereses o rentas) y de apreciación del capital a largo plazo. Generalmente, lo que distingue a la inversión de la especulación es la definición del período de tiempo en que se generan los retornos de la inversión y la predecibilidad de dichos retornos".

En su libro *El inversor inteligente (The Intelligent Investor)* —según Warren E. Buffett, uno de los mejores libros de todos los tiempos en materia de inversiones—, Benjamin Graham define a la inversión de la siguiente manera: "Una operación de inversión es aquella que, luego de un concienzudo análisis, promete la seguridad del capital invertido y un retorno adecuado. Las operaciones que no reúnen estos requisitos son de índole especulativa".

Como se discutirá más adelante, la **especulación** constituye un intento por obtener retornos mayores a los del mercado, cualesquiera sean éstos, mediante el ingreso o egreso de los mercados en el momento justo, la selección correcta de segmentos industriales, bonos o acciones individuales, los pronósticos de los movimientos de la tasa de interés —principalmente a corto plazo— y del desempeño futuro de la economía y la política en general. Al intentar superar los promedios, que los mercados ofrecen sin requerir esfuerzo alguno, el especulador corre el riesgo de obtener un retorno menor o incluso sufrir una pérdida de capital. Es importante clarificar que no hay nada malo en la especulación, siempre y cuando el inversor sea plenamente consciente de los riesgos que involucra y que juegue con dinero que pueda permitirse el lujo de perder.

En muy pocas ocasiones una persona se enriquecerá únicamente por realizar inversiones financieras exitosas. En cambio, la mejor manera de construir un futuro seguro es combinar el éxito en un negocio, una práctica, una profesión o una carrera corporativa, con el manejo prudente de sus ahorros.

La definición de inversión no estaría completa sin una referencia acerca del participante del juego, esto es, el **inversor.** "Un inversor exitoso es generalmente una persona bien desarrollada que pone en funcionamiento su curiosidad natural y un interés intelectual para ganar más dinero", dice Malkiel. El único agregado a esta definición sería que, para ser capaz de jugar el juego y transformarse en un inversor, una persona debe desarrollar, temprano en su vida, la disciplina necesaria para ahorrar dinero a lo largo de su vida profesional.

Para completar la descripción del inversor, en la primera edición de *El inversor inteligente*, Graham deja en claro que el tipo de "inteligencia" a la que se refiere no tiene nada que ver con los coeficientes intelectuales *(Intelligence Coefficients, IQs)*. Simplemente significa ser disciplinado, paciente, capaz de dejar de lado las emociones y pensar por uno mismo. Este tipo de inteligencia "es una cualidad más del carácter que del cerebro", explica Graham.

Por último, es importante comprender otro aspecto de la actividad de invertir: la inversión financiera no es una ciencia precisa como la física o la química. Más bien, es una "ciencia social" porque, en oposición a las ciencias exactas, los mercados financieros se comportan como un sistema social en el sentido de que, ante circunstancias similares, no siempre responden de la misma manera. Por esta razón, si bien el comportamiento de los activos financieros en el pasado puede no ser el mismo en el futuro, una comprensión de la historia financiera —comportamiento a corto y largo plazo de diversos activos financieros, burbujas de mercado, etcétera— provee información clave para la toma de decisiones.

No obstante, si bien la inversión no es una ciencia exacta, es una rama del campo más amplio de las finanzas y, como tal, posee conceptos bien definidos y reglas que deben ser respetadas si se quiere alcanzar el éxito en el juego. En las inversiones, como en muchos otros aspectos de la vida, el factor suerte también desempeña un papel importante.

PARTE 1

Mercados de inversión

CAPÍTULO 1

Mercados financieros

Si el Presidente de la Reserva Federal, Alan Greenspan, me susurrara al oído su política monetaria para los próximos dos años, eso no cambiaría ni una sola cosa de lo que hago.

WARREN BUFFETT

Una mirada rápida a cualquier periódico financiero nos revela una confusa colección de mercados, instrumentos de inversión y operadores. Si bien el panorama puede parecer caótico, los mercados financieros —o mercados monetarios *(money markets)*— están bien estructurados, con conceptos y regulaciones muy simples de entender. Además, tanto los mercados como los instrumentos de inversión y los operadores están evolucionando constantemente y se tornan más sofisticados para ajustarse a las necesidades nuevas y específicas del inversor. Sin embargo, a pesar de esta evolución constante de los mercados financieros, algunas definiciones y conceptos básicos que son las piedras angulares de la actividad se mantienen inalterados a lo largo del tiempo.

Activos financieros

La producción de la economía —los bienes y servicios generados y consumidos por la población— determina, en última instancia, el nivel de riqueza material de una sociedad. Esta producción es una función directa de los **activos reales** disponibles en una economía; es decir, los edificios, la tierra, la maquinaria y los trabajadores con conocimientos técnicos que, efectivamente, hacen uso de estos recursos.

Además de los activos reales, existen los **activos financieros**, conocidos también como **títulos** o **valores** *(securities)*, que contribuyen a la producción de la economía sólo de manera indirecta. Los activos financieros —por ejemplo, los bonos, acciones y certificados de depósito a plazo— desempeñan un rol valioso al facilitar la transferencia del ahorro a aquellas empresas que ofrecen oportunidades de inversión atractivas.

Cuando los individuos deciden ahorrar para el futuro, pueden invertir en activos financieros, ya sea adquiriendo acciones y bonos emitidos por empresas, o bonos emitidos por los gobiernos. Los activos financieros son simplemente derechos sobre los bienes reales de una economía. Es interesante notar que, en los Estados Unidos y en otros países desarrollados, las personas tienden a mantener la mayor parte de sus activos financieros de manera indirecta, a través de inversores institucionales, como fondos de pensiones *(pension funds)* y fondos comunes de inversión *(mutual funds)*, que mantienen acciones y bonos a su nombre.

Normalmente, los fondos que obtienen las empresas cuando emiten acciones y bonos se utilizan para comprar activos reales. El ingreso generado por los activos reales de una empresa se distribuye entre los inversores de acuerdo con su participación o derechos sobre la propiedad de los activos financieros emitidos por la compañía. Estos activos financieros desempeñan un rol crucial en las economías desarrolladas, puesto que permiten aprovechar al máximo los activos reales.

En su libro *Investments*, Zvi Bodie, Alex Kane y Alan J. Marcus dicen: "Otra forma de distinguir entre activos financieros y activos reales es notar que los primeros se crean y destruyen en el curso ordinario de los negocios. Por ejemplo, cuando se cancela un préstamo, cesan de existir tanto el derecho del acreedor (un activo financiero) como la obligación del deudor (un pasivo financiero). En contraste, los activos reales solamente se destruyen por accidente o por el desgaste que se produce a lo largo del tiempo".

Otra función importante de los activos financieros es la de "almacenamiento" de la riqueza. En una economía, siempre existen, por un lado, algunos individuos y empresas cuyos ingresos superan sus gastos corrientes, y mediante la inversión de ahorros en activos financieros, pueden "almacenar" su riqueza y vender dichos activos en períodos de bajos ingresos a cambio de consumo y, por otro lado, existen individuos —por ejemplo, jubilados— cuyos gastos superan sus ingresos.

Asimismo, los activos financieros facilitan el proceso de acumulación del inventario de activos reales de la economía. Dado que, virtualmente, todos los proyectos de la vida real involucran algún riesgo, la diversidad de los activos financieros permite que estos riesgos sean distribuidos de manera adecuada. Por ejemplo, British Petroleum reúne el capital necesario para la exploración de petróleo mediante la venta de acciones y bonos a los inversores. Los inversores con mayor aversión al riesgo pueden adquirir bonos, los que prometen un pago fijo. Mientras que los inversores con mayor tolerancia al riesgo adquieren acciones de British Petroleum y asumen la mayor parte del riesgo del proyecto, a cambio de retornos futuros potencialmente más elevados.

Usuarios de los mercados financieros

Existen tres grandes grupos de usuarios o clientes de los mercados financieros cuyas demandas pueden explicar, en gran medida, por qué los instrumentos e instituciones financieras evolucionaron de la forma en que lo hicieron.

El primer grupo está conformado por el sector de los **hogares** que, dependiendo de los impuestos y de las preferencias por el riesgo, está potencialmente interesado en una amplia gama de activos financieros y es la fuerza motriz de la innovación financiera. Los impuestos motivan una variada demanda de activos financieros, puesto que los inversores ubicados en el tramo bajo de la escala impositiva *(low tax-bracket)* prefieren títulos de mayor rendimiento sujetos a impuestos, mientras que los inversores en un tramo alto de la escala impositiva *(high tax-brackets)* en general buscan inversiones exentas de impuestos. El objetivo de minimizar el pago de impuestos impulsa a ambos grupos a buscar títulos exentos de impuestos nacionales (federales) y locales (provinciales o estaduales), y propicia la existencia de una gama de activos financieros con una variedad de efectos impositivos. Las distintas preferencias por el riesgo también originan la demanda de un conjunto diverso de activos financieros con una variedad de combinaciones entre el riesgo y el retorno.

El segundo grupo de usuarios de los mercados financieros es el sector de las **empresas**, que se caracteriza por demandar dinero para el financiamiento de sus inversiones en activos reales. En esencia, las empresas pueden obtener dinero de dos modos: emitiendo acciones, que son participaciones en la propiedad de la empresa, o pidiendo dinero prestado a los bancos o directamente al público mediante la emisión de bonos. Pero las empresas pretenden emitir estas obligaciones al menor costo posible y, al mismo tiempo, al mejor precio posible. Estas demandas de las empresas han sido las responsables de la creación de una industria de banca de inversión *(investment banking)* muy especializada.

El tercer usuario de los mercados financieros es el sector del **gobierno** que, a diferencia de las empresas, no puede vender acciones y está obligado a tomar dinero prestado cuando sus ingresos no son suficientes para cubrir sus gastos. Dado que, en teoría, los gobiernos no pueden caer en bancarrota como lo hacen las empresas y tienen la posibilidad de aumentar los impuestos, pueden tomar dinero prestado a las tasas de interés más bajas del mercado. Asimismo, los gobiernos desempeñan un papel especial en la regulación del funcionamiento de los mercados financieros.

Es interesante señalar que los tres sectores descriptos pueden ser, simultáneamente, tanto demandantes como oferentes de fondos, mediante la emisión y la adquisición de activos financieros en el mercado.

Intermediarios financieros

Cuando un número suficiente de usuarios del mercado financiero demanda un servicio, es muy probable que surja un proveedor en busca de ganancias: un intermediario financiero. Debido a su tamaño pequeño y a su poca sofisticación, la inversión directa de los hogares en las empresas es intrínsecamente difícil. En cambio, **intermediarios financieros** como bancos, cooperativas de crédito *(credit unions)*, compañías aseguradoras, corredores *(brokers)* y compañías de inversiones pueden realizar el trabajo de coordinación entre los distintos usuarios o sectores del mercado.

Mediante la mancomunidad de los recursos de varios inversores pequeños, los intermediarios financieros son capaces de prestar importantes montos de dinero a grandes prestatarios y, a la vez, de lograr una diversificación del riesgo que les permite otorgar préstamos que resultarían muy riesgosos de manera individual. Además, debido a la gran cantidad de transacciones que realizan, los intermediarios financieros adquieren una gran experiencia (*expertise*).

Bancos. Los bancos intermedian a través de la recepción de depósitos y el otorgamiento de créditos a muchos prestatarios. La principal fuente de ganancias de los bancos es el diferencial entre las tasas de interés pagadas a los depositantes y las tasas cobradas a los prestatarios. Sin embargo, como resulta más económico que las acciones y los bonos se adquieran y se vendan en grandes cantidades, las compañías de inversiones —no los bancos— han aprovechado esta oportunidad de negocios y han tenido éxito reuniendo y administrando los fondos de muchos inversores pequeños por medio de la oferta de fondos comunes de inversión.

Fondos comunes de inversión *(Mutual funds)*. Un fondo de inversión es una cartera de activos financieros administrada por un especialista financiero en la cual los inversores pueden participar comprando sus acciones. Los fondos comunes de inversión se basan en el principio de economías de escala: reúnen grandes montos de dinero a partir de la agregación de los modestos ahorros de muchos inversores pequeños y obtienen así las ventajas a partir de operar a gran escala.

Cada fondo común de inversión se caracteriza por una política o "estilo" de inversión específico. Por ejemplo, los fondos de **mercado monetario** *(money market mutual funds)* invierten únicamente en activos financieros a corto plazo y de bajo riesgo, mientras que los fondos de **bonos** *(bond* *funds)* mantienen en su cartera sólo instrumentos de deuda o renta fija. Los fondos comunes de inversión **de alto crecimiento** *(aggressive growth mutual funds)* se componen de acciones de empresas con gran potencial de crecimiento, como las de los sectores de las telecomunicaciones y la biotecnología. Los fondos comunes de inversión de **ingresos** *(income mutual funds)* mantienen en su cartera una porción sustancial de bonos de alta calidad. Éstos son sólo algunos ejemplos.

Existen dos tipos de fondos comunes de inversión: los **abiertos** *(open-end)* y los **cerrados** *(close-end)*. Los fondos abiertos, los más comunes, se denominan así porque pueden ofrecer un número ilimitado de acciones, las que suelen conocerse como cuota-partes. Están preparados para vender más cuota-partes o rescatarlas de sus dueños vigentes en cualquier momento. Estas operaciones se realizan en las oficinas del fondo y sólo el administrador puede llevarlas a cabo.

Por otro lado, los fondos cerrados toman esta denominación debido a que mantienen un número constante de cuota-partes. Cuando estos fondos se crean, ofrecen a través de un suscriptor un número determinado de cuota-partes, las que luego son negociadas en una de las bolsas de comercio, al igual que las acciones de otras empresas. En este sentido, los fondos cerrados son muy diferentes de los abiertos, dado que el precio de sus cuota-partes, al igual que sucede con las acciones de otras empresas, depende de su oferta y demanda.

Debido a que los pequeños inversores se percataron de las ventajas de los fondos comunes de inversión están dispuestos a pagar un honorario *(fee)* de administración al operador del fondo. En la cuarta parte, "Las mejores prácticas de inversión: supervisar a los expertos", se brinda una descripción detallada de los honorarios y costos de los administradores financieros.

Fondos de cobertura *(Hedge funds)*. Existen otras compañías de inversiones, conocidas en el mercado como fondos de cobertura o fondos de activos de rendimiento absoluto, que buscan satisfacer a los inversores más arriesgados y apuntan a la generación de rendimientos positivos independientemente del alza o la baja en los mercados financieros. Por lo general, estos fondos son cerrados y no están registrados, y tienen flexibilidad para invertir en efectivo, en títulos tradicionales y en cualquier otro instrumento de inversión sofisticado.

Bancos de inversión *(Investment banks)*. Otro grupo de expertos financieros son los bancos de inversión (por ejemplo, Merrill Lynch y Citigroup Smith Barney). Ellos brindan asesoramiento a nivel mundial a empresas y gobiernos que emiten títulos en temas tales como las condiciones de mercado, las tasas de interés y los precios de los títulos que desean colocar en el mercado. Es muy común que los bancos de inversión se encarguen del proceso completo de emisión y, también, de la administración (recolección, pago de intereses y dividendos, etcétera) de los títulos de sus clientes.

Asesores de inversiones *(Investment advisors)*. Así como las economías de escala crean oportunidades de obtener ganancias para los intermediarios financieros, la especialización genera nichos para las compañías que pueden proveer servicios altamente especializados. Uno de los servicios para inversores más difundidos es la información sobre los distintos mercados, recopilada y analizada por asesores de inversiones en boletines informativos, bases de datos y servicios de *research* de las sociedades de bolsa.

Creadores del mercado *(Market makers)*. Los participantes del mercado financiero, cuyo tamaño varía desde pequeños hasta gigantescos, están dispersos en el mundo entero. No obstante, gracias al acceso a la información disponible, sus cotizaciones y ofertas son básicamente las mismas, sin importar el lugar donde estén ubicados. Además de los grandes avances en la tecnología, el hecho de que el mercado financiero sea en realidad un único mercado de alcance global se debe, en gran medida, a la actividad de los intermediarios y de los corredores que agrupan en un conjunto unificado a la gran cantidad de participantes o inversores de todo el mundo.

Los **intermediarios** *(dealers)* del mercado financiero son instituciones que compran y venden títulos por su propia cuenta. En otras palabras, son dueños de distintos instrumentos financieros disponibles, comercian su propia posición con el público y otros intermediarios, y corren todos los riesgos. Parte de la función de los intermediarios como creadores del mercado involucra la suscripción de nuevas emisiones de valores, como bonos y acciones. Por ejemplo, en los Estados Unidos, adquieren la mayor parte de las grandes emisiones de bonos municipales en el momento de la emisión, los ingresan a su propia posición y, luego, los venden a los minoristas. Los intermediarios cotizan, constantemente, precios a los cuales están dispuestos a comprar y vender todo tipo de títulos.

En cambio, los **corredores** *(brokers)* del mercado monetario son empresas que unen compradores y vendedores a cambio de una comisión. A diferencia de los intermediarios, no toman posiciones. No son propietarios de ningún título ni valor. Están en todos los ámbitos de los mercados financieros: son activos en los mercados de intermediarios y en los interbancarios. Gran parte de lo que venden es un servicio de información rápida que les indica a los operadores dónde se encuentra el mercado. Por lo tanto, para los corredores del mercado financiero la velocidad en la comunicación es crucial. Los recientes avances en la tecnología de las comunicaciones y en Internet han mejorado muchísimo la actividad de los corredores.

Como se desprende de la descripción anterior, tanto los intermediarios como los corredores, les confieren dos características importantes a los mercados financieros a través de sus actividades y operaciones. Primero, aseguran que prevalezca en todo momento un único nivel de precios para cualquier instrumento financiero que se comercialice en el mercado. Segundo, los intermediarios dotan a los mercados financieros de alta liquidez al estar preparados para cotizar precios firmes de compra y venta a los cuales realizarán cualquier tipo de operación.

Estructuras de mercado

Genéricamente, los mercados pueden clasificarse en cuatro clases según su complejidad y sofisticación:

- El mercado menos sofisticado y organizado se denomina **mercado de búsqueda directa** *(direct search market)*. En él, los vendedores y los compradores se buscan entre sí de manera directa. Un ejemplo es la venta de un automóvil usado mediante un aviso colocado en el periódico local. Por lo general, estos mercados se caracterizan por el bajo volumen y por la falta de estandarización de los bienes comercializados.

- El **mercado de corredores** *(brokered market)* es aquel en el que es rentable para los corredores ofrecer sus servicios para reunir a compradores y vendedores a cambio de una comisión. Un ejemplo de este tipo de mercados es la actividad inmobiliaria, donde los corredores buscan potenciales vendedores y compradores, y desarrollan experiencia especializada *(expertise)* en la valuación de los activos comercializados.

Dentro de esta categoría se encuentra el llamado **mercado primario** *(primary market)*, que surge cuando los bancos de inversión, actuando como corredores o suscriptores de una emisión de valores, ofrecen directamente al público nuevas emisiones de títulos. Si estos títulos son acciones ordinarias emitidas por una empresa privada que sale a vender sus acciones al mercado por primera vez, el proceso se denomina **oferta pública inicial, OPI** *(Initial Public Offering, IPO)*.

Además, en el mercado primario hay dos tipos de emisiones: la oferta pública, es decir, la emisión de títulos que se venden al público en general, para la subsiguiente comercialización en los mercados secundarios; y la colocación privada *(private placement)*, que es la emisión de acciones o bonos vendidos a unos pocos inversores acaudalados o a inversores institucionales (compañías de seguro, fondos de pensión, etcétera).

- Los **mercados de intermediarios** *(dealer markets)* surgen, normalmente, cuando se produce un incremento en la comercialización de un determinado tipo de activo. Aquí, los intermediarios adquieren los activos por su propia cuenta y los venden de su inventario para obtener una utilidad. A diferencia de los corredores, los intermediarios no cobran comisión, y su margen de ganancia es el diferencial o *spread* entre el precio de compra y el de venta. Los mercados de estas características contribuyen a la formación de precios de compra y de venta. Uno de los mejores ejemplos es el mercado **extrabursátil** o no organizado *(over-the-counter, OTC).* Este mercado también es conocido como **mercado secundario** porque las operaciones tienen lugar entre los inversores con títulos ya emitidos, donde simplemente se transfiere la propiedad de los títulos de un inversor a otro. Un típico mercado extrabursátil es el popular Nasdaq, que ha planteado un reto competitivo a la Bolsa de Nueva York (New York Stock Exchange, NYSE).

- Los **mercados de subastas** *(auction markets)* constituyen las plazas de intercambio más sofisticadas. Todas las partes interesadas convergen en un mismo lugar para comprar o vender un determinado bien. La diferencia principal entre un mercado de subastas y uno de intermediarios es que, en el primero, dado que todos los participantes convergen en un mismo lugar, se puede llegar a un precio acordado por ambas partes y, por consiguiente, ahorrar el diferencial entre el precio de compra y el de venta. La Bolsa de Nueva York (New York Stock Exchange, NYSE) es un buen ejemplo de mercado de subastas, aunque también está organizada como mercado secundario en el cual los inversores comercializan entre sí los títulos existentes.

Es fácil imaginar lo que sucedería si los mercados financieros organizados no existieran: los individuos que quisieran invertir deberían encontrar a otros que desearan tomar prestado. Inevitablemente, pasado un tiempo, surgiría un lugar de reunión para prestamistas y prestatarios, que iría evolucionando en forma natural hacia un mercado financiero organizado.

Resumen

La idea central de este capítulo es que los mercados financieros, sus instituciones y sus instrumentos evolucionan como respuesta a los deseos, las tecnologías y las restricciones regulatorias de los inversores. Como sugieren Zvi Bodie, Alex Kane y Alan Marcus: "con sólo conocer los deseos, tecnologías y restricciones regulatorias a las que estarán expuestos los inversores podríamos predecir la forma general del mercado de inversiones (y quizás hasta el diseño de un título o valor en particular)".

CAPÍTULO 2

Instrumentos de inversión

Octubre. Éste es uno de los meses particularmente peligrosos para especular en acciones. Otros son noviembre, diciembre, enero, febrero, marzo, abril, mayo, junio, julio, agosto y septiembre.

MARK TWAIN

Los mercados financieros están segmentados, tradicionalmente, en **mercados monetarios** *(money markets)* y **mercados de capitales** *(capital markets)*, y cada uno tiene su propio conjunto de instrumentos de inversión. Los instrumentos del mercado monetario son títulos de deuda a corto plazo, de alta liquidez y de bajo riesgo, a veces conocidos como **efectivo** *(cash)* o equivalentes al efectivo *(cash equivalents)*. Por el contrario, los mercados de capitales cuentan con una variedad de títulos a más largo plazo y de mayor riesgo.

Desde la perspectiva del inversor, existen otros mercados además de los mercados financieros mencionados, como el **mercado de bienes raíces** *(real estate)* y de ***commodities***.

También se debe tener presente que, hoy en día, existe un verdadero supermercado financiero de alcance mundial que ofrece un sinnúmero de productos y servicios de inversión, confeccionados para todos los gustos y personalidades del inversor, y ajustados para satisfacer prácticamente cualquier exigencia en materia de inversiones. Además, casi a diario, surge un nuevo producto o servicio de inversión, desarrollado por alguno de los competitivos intermediarios financieros, ansiosos por capturar los ahorros de —literalmente— millones de pequeños y grandes inversores tanto de países desarrollados como de mercados emergentes.

A pesar de esta gran variedad de productos y servicios de inversión disponibles, desde el punto de vista de un inversor, vale la pena explicar sólo algunos de los activos de inversión (o categorías de inversión).

Dinero en efectivo *(Cash)*

Desde la perspectiva de las inversiones, el efectivo se define como las disponibilidades líquidas en: dinero (monedas y billetes), los depósitos a la vista *(checking o demand deposits)* y cualquier otro título que pueda ser convertido rápidamente en dinero sin riesgo de perder el monto del capital.

Por ejemplo, se consideran efectivo los títulos de deuda o renta fija a corto plazo (menos de un año) emitidos por el gobierno de los Estados Unidos, llamados **letras del Tesoro** *(Treasury Bills)*. La mayoría de los gobiernos del mundo emiten algún tipo de títulos de deuda a corto plazo para financiar sus operaciones, los que pueden llevar distintos nombres. La definición de efectivo también comprende las cajas de ahorro y los certificados de depósito a corto plazo, que, en el caso de los Estados Unidos, están garantizados por el gobierno hasta montos equivalentes a US$100.000.

Tal como hemos mencionado, los títulos de deuda a corto plazo de alta liquidez y de bajo riesgo, son parte del mercado monetario y, a veces, son conocidos como efectivo o equivalentes al efectivo. El mercado monetario es un subsector —el subsector a corto plazo— de lo que se conoce como el **mercado de renta fija.** Los títulos de renta fija son pagarés (*I Owe You's*, IOU) emitidos por gobiernos —que en los Estados Unidos pueden ser a nivel federal, estadual o municipal— y por empresas de todo el mundo. Estos títulos de deuda con un ingreso o renta fija se denominan así porque el inversor conoce con antelación la fecha y el monto de los pagos periódicos de interés.

Si bien no cuentan, por lo general, con las mismas garantías que los ahorros bancarios, los fondos comunes de inversión del mercado monetario *(money-market mutual funds)*, también se consideran como efectivo dado que normalmente permiten a los inversores hacer extracciones de sus cuentas. Estos fondos se invierten en plazos fijos a corto plazo de grandes bancos; papeles o valores negociables (pagarés a corto plazo emitidos por empresas), y títulos de los gobiernos, tales como letras del Tesoro. Muchos de estos títulos se negocian en grandes denominaciones y, por lo tanto, están fuera del alcance de los inversores individuales. En cambio, los fondos comunes de inversión del mercado monetario son fácilmente accesibles para los pequeños inversores, puesto que agrupan los recursos de muchos de ellos, lo cual les permite adquirir una gran variedad de títulos del mercado monetario. Su rendimiento fluctúa de acuerdo con el retorno disponible sobre estos títulos a corto plazo y, hasta ahora, en la mayoría de las economías desarrolladas, ha sido superior al interés ofrecido en las cajas o cuentas de ahorro bancarias.

Los fondos de inversión del mercado monetario constituyen la mejor alternativa para las cajas de ahorro bancarias, puesto que al reunir los ahorros de muchos inversores pequeños, tienen capacidad de adquirir emisiones de títulos a corto plazo en mayores volúmenes a precios muy competitivos.

En general, todos los fondos comunes de inversión del mercado monetario invierten en títulos a corto plazo y de bajo riesgo. La diferencia que se puede observar entre ellos en cuanto a su rendimiento es, en gran medida, producto de los gastos administrativos de los fondos; es decir, el costo de operar y administrar los fondos que se les cobra a los tenedores de cuota-partes. Por este motivo, como se analizará más adelante, los coeficientes de gastos operativos *(expense ratios)* son un elemento muy importante en la comparación del desempeño de los fondos comunes de inversión.

Estos fondos se han vuelto tan populares en varios países del mundo que muchos clientes de bancos han trasladado sus depósitos hacia los más rentables fondos comunes de inversión. Para competir, los bancos comerciales comenzaron a ofrecer a los individuos cuentas de depósito del mercado monetario *(money-market deposit accounts)*. En los Estados Unidos, estas cuentas están aseguradas por una agencia del gobierno, y si bien los fondos comunes de inversión del mercado monetario tienden a tener mayores rendimientos que las cuentas bancarias del mercado monetario, estas últimas están muy difundidas, puesto que los bancos poseen numerosas sucursales y otras ventajas operativas.

Bonos

El mercado de bonos es el otro subsector del mercado de renta fija, y está compuesto por instrumentos de préstamos a más largo plazo que los que se comercializan en el mercado monetario. En los Estados Unidos y en otros países desarrollados, el mercado de bonos incluye **notas y bonos del Tesoro** *(Treasury notes* y *Treasury bonds)*, **bonos corporativos, bonos municipales, bonos provinciales o estaduales,**

títulos hipotecarios y títulos de deuda de las agencias federales.

Se denominan notas del Tesoro a los títulos emitidos por el gobierno de los Estados Unidos con un plazo de uno a diez años; y bonos del Tesoro, los que cubren períodos más largos (hasta treinta años). En general, en el mundo entero se conocen con el nombre de bonos los títulos de renta fija emitidos por períodos de más de un año. Salvo con los títulos emitidos por el gobierno de los Estados Unidos, rara vez se hace distinción entre notas y bonos.

Los bonos también pueden ser emitidos o garantizados por gobiernos estaduales o locales (bonos municipales), por empresas (bonos corporativos) o por agencias del gobierno; por ejemplo, en los Estados Unidos, la *Government Mortgage Association* (conocida como *Ginny Mae*) o la *Student Loan Marketing Association* (llamada *Sallie Mae*). La mayoría de los gobiernos financian su déficit presupuestario mediante la emisión periódica de títulos a largo plazo, muy similares a las notas y bonos del Tesoro mencionados anteriormente.

Cuando un inversor adquiere un bono, en rigor, está prestándole dinero al emisor por un período de tiempo determinado. A cambio, el inversor recibe el pago periódico de un interés a una tasa fija más la promesa del emisor de devolver el monto del capital invertido (*principal*) al vencimiento del bono. Cuando el título vence, el emisor le reembolsa la deuda al tenedor mediante el pago del **valor a la par** o **valor nominal** *(par value* o *face value)* del bono.

El pago periódico del interés se llama **cupón** del bono, nombre que remite a los viejos tiempos, cuando los inversores recortaban literalmente cupones de los títulos y los presentaban para su cobranza. La tasa del cupón del bono también conocida como tasa de interés nominal (*coupon rate*) sirve para determinar los pagos de interés: el pago anual es el producto entre la tasa de interés nominal y el valor nominal del bono (*par value*). La tasa de interés nominal, la fecha de vencimiento y el valor nominal del bono son parte del contrato celebrado (*bond indenture*) entre el emisor y el tenedor del bono.

A veces, se emiten **bonos de cupón cero** (*zero-coupon bonds*) que no pagan interés. En este caso, los inversores no perciben ningún pago de interés, sólo reciben el valor nominal en la fecha de vencimiento. Estos bonos se emiten con un descuento —un precio por debajo del valor nominal— y el retorno del inversor radica únicamente en la diferencia entre el precio de emisión y el valor nominal que se percibirá al vencimiento.

Rendimiento corriente *(Current yield)*. Si los bonos se emiten en una determinada fecha con un valor nominal de US$1.000 y pagan un interés anual (cupón) de US$60 durante toda su vida, se dice que poseen un rendimiento corriente del 6% (US$60 de intereses dividido por el valor nominal de US$1.000). Para poder atraer inversores, este porcentaje debe ser cercano a las tasas de títulos comparables en cuanto a plazo y riesgo crediticio que prevalecían en el mercado a la fecha de emisión.

Pero a lo largo de la vida de los bonos, las tasas de interés del mercado fluctúan constantemente al compás de los cambios en las condiciones políticas y económicas (inflación, crecimiento del PBI, etcétera). Si las tasas de interés del mercado suben al 7%, los bonos de US$1.000 que se emitan hoy, con el mismo vencimiento y riesgo crediticio del emisor, deberán pagar cupones anuales de US$70 para ser atractivos para los inversores. Al mismo tiempo, el precio de los bonos ya emitidos con un pago anual de US$60 deberá disminuir de US$1.000 a US$857 —el cupón anual de US$60 dividido por 7%, la nueva tasa de interés— para así ofrecer un retorno competitivo, de manera que su rendimiento corriente aumentará (7%) para ajustarse a las nuevas tasas de interés prevalecientes del mercado.

La regla postula que cuando las tasas de interés suben, el precio de los bonos existentes —ya emitidos— disminuye. Si las tasas de interés caen, el precio de los bonos aumenta. En otras palabras, a menos que los bonos se mantengan en cartera hasta el vencimiento, cuando las tasas de interés fluctúan, el inversor asume un riesgo en términos de las posibles variaciones del precio de dicho activo.

Cuanto más largo sea el vencimiento de los bonos, mayor fluctuación tendrá el precio. Es importante notar que, tanto para el caso de los bonos corporativos como para los bonos del gobierno, en general, las tasas de interés a corto plazo han sido inferiores a las tasas de interés a largo plazo. Sin embargo, si bien las tasas se mueven, por lo general, en la misma dirección a lo largo del tiempo, la diferencia entre sus rendimientos puede variar tanto que, en ciertos períodos, las tasas a corto plazo han sido más altas que los rendimientos a largo plazo. A menudo, esta relación entre los rendimientos y los distintos vencimientos de títulos de renta fija similares se analiza en un gráfico denominado **curva de rendimientos** *(yield curve).*

Rendimiento al vencimiento *(Yield to maturity).* Como ya se explicó, el rendimiento corriente de un bono supone que el título fue emitido a la par —el inversor pagó US$1.000, el valor nominal del bono—. Sin embargo, el rendimiento al vencimiento de un bono es una medida del retorno anual de la inversión hasta el vencimiento del bono, y toma en cuenta el monto efectivamente pagado por el bono, la tasa de interés nominal (*coupon rate*) y el período de tiempo que resta para el vencimiento. En otras palabras, el rendimiento al vencimiento es la tasa de interés que los tenedores de bonos pueden esperar ganar a lo largo de la vida de los títulos si los retienen en sus carteras hasta el vencimiento y en ese momento reciben su valor nominal.

El rendimiento al vencimiento de un bono es diferente del rendimiento corriente siempre y cuando el precio pagado por dicho activo sea diferente al valor nominal del título (US$1.000). Cuando un título de renta fija se adquiere a un valor por encima del valor nominal, el rendimiento corriente es mayor que el rendimiento al vencimiento. Si por el contrario el título es adquirido con un descuento sobre el valor nominal, se da la situación inversa.

Mientras los bonos sean de alta calidad —sin riesgo de incumplimiento—, su tenencia hasta el vencimiento garantiza a los inversores la devolución del capital (US$1.000) más el interés —en el ejemplo, el rendimiento del 6%—, independientemente de lo que suceda en el ínterin con las tasas de interés del mercado. Sin embargo, como se analizará más adelante, la tenencia de los bonos hasta el vencimiento no elimina el riesgo ante la inflación.

Riesgo de incumplimiento *(Default risk)*. A veces, los emisores de bonos enfrentan dificultades financieras y no cumplen su promesa de devolución del principal y, en algunos casos, incluso no realizan los pagos periódicos de interés. El riesgo de que esto ocurra se denomina **riesgo de incumplimiento.**

Los bonos del Gobierno Federal de los Estados Unidos, así como aquellos emitidos por los gobiernos de los países más desarrollados, son considerados los más seguros, ya que siempre pueden cumplir con sus obligaciones. La mayoría de las autoridades municipales estadounidenses nunca ha dejado de cumplir con sus obligaciones, aun en circunstancias económicas muy difíciles.

Los bonos corporativos son, sin duda, más riesgosos: pueden no cumplir con sus obligaciones y, de hecho, así ha ocurrido varias veces en el pasado. A comienzos del siglo XXI, algunas empresas muy grandes, como Enron y WorldCom, no pudieron hacer frente a sus obligaciones y dejaron a los tenedores de bonos —que poseen derechos prioritarios sobre las ganancias y activos de la empresa— con títulos muy devaluados. Por esta razón y dada la relación entre riesgo y retorno, los bonos de baja calidad necesitan ofrecer mayores tasas de interés para inducir a los inversores a comprarlos. En el mercado, estos bonos de menor calidad se conocen como **bonos de alto rendimiento** o **bonos especulativos** *(high-yield bonds)* o, popularmente, **bonos basura** *(junk bonds)*. Los bonos emitidos por la mayoría de las empresas líderes del mercado *(blue chips)* son llamados **bonos de alta calidad** *(high-quality bonds)*, puesto que no es probable que dejen de cumplir con sus obligaciones.

Riesgo de rescate anticipado *(Callability risk)*. Muchos bonos son emitidos con cláusulas que le permiten al emisor cancelarlos —hacerlos pagaderos— antes de su vencimiento. En este caso, los inversores reciben el valor nominal de los bonos, pero luego deben buscar otras alternativas para invertir el dinero cobrado. Los bonos que permiten este rescate se denominan **bonos redimibles o de rescate anticipado** *(callable bonds)*.

Títulos del Tesoro protegidos contra la Inflación *(Treasury Inflation-Protected Securities, TIPS)*. Las tasas de interés tienden a aumentar con la inflación —el incremento en los precios de bienes y servicios— y, como hemos visto, en ese contexto, los precios de los bonos tienden a caer. Normalmente, la inflación no anticipada resulta devastadora para los tenedores de bonos. Sin embargo, para protegerse de la inflación los inversores tienen a su disposición un escudo: los Títulos del Tesoro protegidos contra la Inflación emitidos por los Estados Unidos, otros gobiernos de economías desarrolladas y países emergentes. Si se retienen en cartera hasta el vencimiento, estos títulos protegerán a los inversores de la erosión que produce la inflación y garantizarán la preservación de su poder adquisitivo.

Los Títulos del Tesoro protegidos contra la Inflación pagan una tasa de interés básica, pero los pagos de interés dependen del monto del capital o valor nominal del bono, que aumenta conforme al índice de precios al consumidor, IPC *(Consumer Price Index*, CPI*)*. Normalmente, cada seis meses, se ajustan los pagos de interés para que reflejen la inflación del período. Al vencimiento, el inversor obtiene el capital original más un monto adicional relacionado con la inflación acumulada durante la vida del bono. Si bien estos títulos pueden no proporcionar retornos deslumbrantes, hoy en día ningún otro instrumento financiero brinda una cobertura tan confiable contra la inflación, y estos títulos son los instrumentos ideales para los inversores que están planeando su jubilación, puesto que garantizan la preservación del poder adquisitivo, independientemente de las constantes fluctuaciones del mercado.

Acciones

Mientras que los inversores que mantienen activos de renta fija son acreedores de los emisores —prestan dinero a gobiernos y empresas—, los propietarios de **acciones ordi-**

narias *(common stocks)* son dueños de la empresa. Como tales, los inversores pueden beneficiarse tanto con los dividendos pagados por la empresa como con la potencial apreciación de sus acciones en el mercado. En cambio, los tenedores de bonos no participan de las utilidades y nunca pueden recibir más que los pagos de interés prometidos.

A diferencia de lo que ocurre en el caso de un bono, el tenedor de acciones ordinarias no recibe, por parte del emisor, ninguna promesa de pagos específicos en el futuro. El accionista, como dueño de una parte de una empresa, comparte su prosperidad a través del cobro de dividendos y el potencial aumento en el valor de la empresa.

Se dice que una empresa cuyas acciones no se comercializan públicamente es cerrada o de tenencia privada *(private company)*. Para que una empresa pase de ser cerrada a cotizar públicamente, deben llevarse a cabo dos pasos fundamentales. El primero de ellos es la colocación de las acciones en el **mercado primario** *(primary market)*, donde los bancos de inversión, como Citigroup Smith Barney y Merrill Lynch, compran o suscriben *(underwrite)* en forma directa gran cantidad de las acciones emitidas por la empresa. En el segundo paso, los bancos de inversión revenden cantidades menores de dichas acciones a sus clientes, quienes luego las comercializan a otros inversores, lo cual constituye el **mercado secundario** *(secondary market)*.

Valor de las acciones. Como se verá más adelante, a largo plazo el valor de las acciones deriva principalmente de los pronósticos sobre el crecimiento futuro en los ingresos y las ganancias de las empresas. Pero, por una serie de razones, nadie puede realizar estos pronósticos con un alto grado de certeza o consistencia. Ya hemos mencionado que pronosticar el futuro es una tarea muy difícil, y los mercados pueden cometer enormes errores en la evaluación de las perspectivas de las empresas, como lo demuestran los casos de Enron y WorldCom. Por lo tanto, las acciones no pueden tener un valor exacto y objetivo, pues siempre existen distintas visiones sobre las perspectivas de la empresa involucrada. Los mercados de acciones realizan un gran trabajo al reflejar, de manera eficiente, las perspectivas futuras de las empresas en las continuas fluctuaciones de los precios de sus acciones.

Características de las acciones. En las últimas décadas, los académicos especializados en finanzas han comenzado a estudiar la forma en que las características de las empresas pueden afectar los retornos de sus acciones. Básicamente existen dos características de las empresas que han sido analizadas y observadas por académicos y administradores financieros. La primera característica de una empresa es su *tamaño,* medido según su capitalización de mercado (*market capitalization,* en forma abreviada *market cap*), que es el valor total de sus acciones en circulación. Este criterio permite distinguir entre, por un lado, las empresas de **alta capitalización** *(large cap)* —auqellas que componen el índice S&P 500 de la Bolsa de Nueva York—, y por el otro, el resto de las empresas de **baja capitalización** *(small cap).* Hay una variedad de estudios que intentan demostrar que, a largo plazo, las acciones de las empresas de baja capitalización generan retornos más elevados que las de las empresas de alta capitalización pero, al mismo tiempo, su riesgo es mayor.

La otra característica de las empresas observada por los mercados es la calidad. En pocas palabras, existen compañías buenas y malas. En la jerga ordinaria, las acciones de las compañías buenas son denominadas **acciones de crecimiento** o **acciones seguras** *(growth stocks),* y aquellas de empresas malas son conocidas como **acciones de valor** o **acciones** riesgosas *(value stocks)*. Se han desarrollado múltiples estudios comparativos de estos tipos de acciones, los cuales muestran que, a largo plazo, las acciones de valor generan retornos mayores que las glamorosas acciones de crecimiento.

Dividendos. Ya se ha mencionado que el retorno total que las acciones generan para un inversor deriva de los dividendos y de la posible apreciación del capital. El Consejo de Administración (directorio) de la empresa tiene la facultad de pagar dividendos, o sea distribuir ganancias de la empresa a los tenedores en acciones ordinarias. Uno de los indicadores de las empresas comúnmente utilizados es la **rentabilidad o rendimiento de dividendos** *(dividend yield)* de una acción, es decir, el dividendo pagado por cada dólar de valor de una acción. La rentabilidad de dividendos varía mucho de una empresa a otra, y es importante tener presente que las acciones con alta rentabilidad en sus dividendos no constituyen, necesariamente, una mejor inversión que las acciones con baja rentabilidad de dividendos. Estas últimas pueden ofrecer mejores perspectivas de ganancias de capital; de otro modo, los inversores no las mantendrían en sus carteras.

Muchas compañías con acciones en circulación no pagan dividendos: prefieren reinvertir las ganancias en la empresa, para que ésta continúe creciendo.

Actividad del mercado de valores. A menos que una empresa emita nuevas acciones en un proceso de Oferta Pública Inicial, OPI *(Initial Public Offering, IPO)*, las noticias de la actividad del mercado de valores que reciben y leen los inversores corresponden al mercado secundario. Las acciones ordinarias de la mayoría de las grandes empresas a nivel mundial pueden comprarse o venderse libremente en uno o más mercados de valores de distintas partes del mundo. En los Estados Unidos, casi todo el mercado secundario está formado por tres entidades o bolsas de valores:

- La Bolsa de Nueva York (The New York Stock Exchange, NYSE)
- American Stock Exchange (AMEX)
- El NASDAQ (The National Association of Security Dealers Automated Quotations).

Para entender cómo se mide la actividad del mercado de valores, y dada la importancia que tiene la indización *(indexing)* —que se analizará en detalle más adelante— como una de las mejores prácticas de inversión, cabe dedicar algunas palabras a los índices de los mercados de valores.

Si bien el **Promedio Industrial Dow Jones** *(Dow Jones Industrial Average)* de la Bolsa de Nueva York es uno de los indicadores más difundidos para medir el desempeño de este mercado de valores, éste es sólo uno de tantos índices usados en el mundo, entre los cuales se encuentran, a su vez, índices de desempeño de los mercados de bonos y otros activos, como analizaremos más adelante.

El índice Promedio Industrial Dow Jones es un promedio de 30 acciones norteamericanas líderes (*blue chip*) —cada una de ellas representa un sector particular de la economía—, por medio del cual el público puede medir el desempeño global del mercado de valores. En palabras sencillas, un aumento en el índice Dow significa que el precio de las acciones de estas empresas, tomadas en su conjunto, ha aumentado. Si el Dow decrece, significa lo contrario.

En la década de 1950, Standard & Poor's Corporation elaboró un índice sobre una base más amplia de 500 empresas denominado **S&P 500**, que hoy cuenta con gran difusión entre los administradores financieros profesionales. En los

Estados Unidos, abundan otros índices, como el **Wilshire 7000**, que emplea computadoras para compilar un índice que abarca aproximadamente 7.000 acciones.

Es importante destacar que todas las principales bolsas de valores del mundo han elaborado índices para medir el desempeño del mercado de valores y el de los otros activos, como bonos, *commodities* y metales preciosos.

Coeficientes. Para juzgar si la cotización de una determinada acción en el mercado en un cierto punto del tiempo es muy alta o muy baja, los inversores utilizan el popular **coeficiente precio-ganancias** conocido como el **coeficiente P/E** (por sus siglas en inglés, *price-earnings ratio*). Si en cierto momento un determinado tipo de acción tiene ganancias por acción —definidas como el cociente entre las ganancias totales de la empresa y el número de acciones en circulación— equivalentes a US$3, y cotiza en el mercado de valores a US$90, se dice que tiene un coeficiente precio-ganancias (P/E) o múltiplo de 30 (US$90/US$3). Se considera que una empresa que cotiza a un coeficiente precio-ganancias de 30 es más cara que una que cotiza a un coeficiente precio-ganancias de 10. Por ejemplo, cuando las acciones en los Estados Unidos dejaron atrás el excesivo pesimismo de la década de 1970, los coeficientes P/E aumentaron de 7,4 a 32 desde fines de 1979 a fines de 2003 y el S&P 500 generó un retorno promedio anual total de 14 por ciento.

Al igual que el coeficiente P/E, el **coeficiente precio-valor de libros** *(price-book value ratio)* es el precio por acción dividido por el valor de libros *(book value)* por acción. El valor de libros es el valor patrimonial contable de la empresa y se refleja en su balance. Cuanto menor sea el precio de la acción comparado con el valor de libro, la acción se considera menos cara.

Inversión activa versus inversión pasiva. Inversión activa alude a la práctica habitual de tratar de aprovechar oportunamente los movimientos del mercado y seleccionar buenas acciones individuales o cualquier otro título, como los bonos. Como se verá en los próximos capítulos, existe considerable evidencia para respaldar la idea de que la mayor parte de los inversores no profesionales deberían ser pasivos y abstenerse de intentar aprovechar oportunamente los movimientos del mercado y seleccionar títulos "ganadores"; en cambio, deberían invertir en fondos comunes de inversión muy diversificados.

Hoy, en los Estados Unidos y en otros mercados del mundo, los inversores pueden invertir en fondos comunes de inversión que mantienen acciones en proporciones iguales a su participación en el S&P 500 o en cualquier otro índice. Estos fondos de inversión que replican índices *(index funds)* rinden un retorno equivalente al del índice y, como se analizará más adelante, brindan una estrategia de inversión pasiva —con bajo número de operaciones— de bajos costos de administración para los inversores.

Bienes raíces o inmuebles *(Real Estate)*

Como se verá más adelante, en la mayoría de los países, además de los ahorros para la jubilación, los inversores tienen incentivos para comprar su propia vivienda, porque esto les da ventajas importantes en materia impositiva y pueden beneficiarse de la suba en el precio de los bienes raíces o inmuebles. De hecho, la mayor parte de la riqueza de mucha gente está invertida en bienes raíces.

Para los inversores que quieren aumentar sus activos en bienes raíces pero carecen de los fondos suficientes para realizar adquisiciones más allá de la compra de su propia vivienda, en los Estados Unidos y en algunos países europeos se han desarrollado los relativamente nuevos fondos de inversión en bienes raíces, REIT *(Real Estate Investment Trusts)*. Los fondos de inversión en bienes raíces son compañías de inversión que tienen la propiedad y administración de carteras de inmuebles, como casas, oficinas y centros comerciales.

Los fondos de inversión en bienes raíces emiten acciones de participación en estos inmuebles y, por consiguiente, se asemejan a los fondos comunes de inversión. En lugar de ser propietarios de un edificio entero, los inversores compran estas acciones. La mayor parte de ellas se comercializan como acciones ordinarias en la Bolsa de Nueva York y en algunos mercados europeos selectos y, si bien no hay información disponible sobre sus retornos a largo plazo, se cree que los REIT han generado retornos similares a los proporcionados por el mercado de acciones en general.

Commodities

Los *commodities* —oro, plata, carne, algodón, lana, trigo y petróleo, entre otros— son los productos básicos que se utilizan en la elaboración de una gran variedad de productos. Las operaciones de *commodities* afectan a todos, puesto que los precios determinados en los distintos mercados tienen un impacto sobre el costo de vida. Por ejemplo, los conductores de automóviles saben bien que las fluctuaciones en el precio mundial del petróleo determinan cuánto cuesta el combustible.

Mercado de entrega inmediata y mercado de futuros *(Spot market and Futures market)*. Los *commodities* se comercializan a nivel mundial, incluso en mayor medida que las acciones de las empresas europeas y estadounidenses o los bonos emitidos por el Tesoro de los Estados Unidos. En este país existen varios mercados *(exchanges)* donde se negocian determinados *commodities*. A modo de ejemplo, a continuación se mencionan los principales:

- *Chicago Board of Trade*: maíz, avena y trigo.
- *Chicago Mercantile Exchange*: ganado, vientres de cerdo y madera.
- *New York Commodity Exchange*: oro y plata.

En realidad, existen dos mercados para las operaciones de *commodities*: el **mercado de entrega inmediata** *(spot market)*, también conocido como mercado en efectivo o al contado, y el **mercado de futuros** (*futures market)*.

Cuando un molinero necesita 5 toneladas de trigo para fabricar inmediatamente harina, efectúa la compra en el **mercado de entrega inmediata**, así denominado porque la transacción se liquida en el momento *(spot)*. Dicho de otro modo, el molinero acuerda la entrega de 5 toneladas de trigo al precio de hoy. Los contratos abarcan grandes cantidades de cada *commodity*, ya que no es rentable la comercialización de unas pocas toneladas, litros o barriles por vez.

El precio de cada *commodity* en el mercado de entrega inmediata se fija por las fuerzas de la oferta y la demanda; por lo tanto, los factores que lo determinan cambiarán minuto a minuto, según el clima, los tipos de cambio, el volumen de producción y un número casi ilimitado de otras variables. Si bien en los mercados de entrega inmediata se desarrolla un gran volumen de negocios, las transacciones tienen poco atractivo para el inversor en busca de oportunidades: éstas se encuentran en los mercados de futuros de *commodities*.

Como el término "futuros" indica, este mercado involucra la comercialización de *commodities* que se entregan en una fecha futura, pero a un precio negociado hoy. Este acuerdo, denominado **contrato de futuros** *(futures contract)* de *commodities*, obliga a las partes a hacer la entrega y a recibir el *commodity*. No obstante, muy pocas veces se concreta la entrega, pues los inversores liquidan sus tenencias antes de que se lleve a cabo, mediante una transacción compensatoria *(offsetting transaction)*: el inversor compensa cualquier posición inicial que haya tenido —una compra con una venta, o viceversa. A efectos de incrementar la liquidez, los contratos de futuros están estandarizados en cuanto a cantidades y calidad de los *commodities* involucrados.

Los futuros desempeñan un rol económico valioso en la distribución del riesgo entre productores y consumidores y existen para la mayoría de los *commodities*, como petróleo, trigo, oro y azúcar, entre otros. Por ejemplo, antes de sembrar trigo, un granjero, que tendrá la cosecha lista para dentro de seis meses a partir de hoy y está preocupado por una eventual fluctuación negativa en el precio del cereal, puede vender el trigo mediante un contrato futuro a seis meses a un precio establecido hoy, en el cual se compromete a entregar determinadas toneladas de trigo al vencimiento. De esta forma, el granjero puede planificar los costos e, incluso, evaluar la conveniencia de producir trigo. El comprador del contrato, que también puede planificar por anticipado, se compromete a comprar la cantidad de toneladas acordada, dentro de seis meses a partir de hoy, al precio acordado.

Los futuros de *commodities* nacieron en el siglo XIX como una iniciativa de los granjeros y productores que tenían que lidiar con amplias fluctuaciones en los precios de las materias primas. Antes de que se desarrollaran los contratos de futuros, compradores y vendedores utilizaban —y aún lo hacen— **contratos a término** *(forward contracts)*. En estos últimos, cada contrato es único porque se negocia todo (precio, fecha de entrega, cantidad y calidad) para satisfacer las necesidades del vendedor y del comprador.

Quienes buscan cobertura *(HEDGERS)* **y quienes especulan.** Los contratos de futuros y los contratos a término permiten a compradores y vendedores reducir —o tener una **cobertura** *(hedge)* frente a— los riesgos de su negocio. La mayoría de los usuarios de *commodities*, como por ejemplo los molinos de harina, prefieren no tener que adivinar lo que sucederá con el precio de los *commodities* que utilizan. Los molineros están inmersos en el negocio de producción de harina, no en el de predicción del precio futuro del trigo; entonces, junto con los productores de trigo, se cubren frente a los riesgos de su negocio en los mercados de *commodities*.

En los mercados de futuros de *commodities*, por un lado están los productores y consumidores que buscan cobertura *(hedgers)*, y por otro, los inversores, que son los especuladores que apuestan a que los primeros hayan calculado mal el precio futuro de los *commodities*. Sin los especuladores —que no tienen interés alguno en el uso de los *commodities*—, los mercados de futuros no existirían, pues los que deban tomar cobertura no tendrían a quien transferirle los riesgos.

Metales preciosos. Entre los cientos de *commodities* diferentes que se comercializan en todo el mundo, los metales raros o preciosos son muy populares entre los inversores. Las acciones de empresas que se dedican a la explotación minera de oro y de otros metales preciosos como plata y platino, se perciben como una de las mejores protecciones contra la inflación y la inestabilidad política. Pero los "metales", denominación con la que se los conoce, tienden a brindar retornos muy pobres durante períodos de tiempo muy largos y son extremadamente volátiles. Además, no generan un flujo de ingresos, como dividendos e intereses, y, a menos que la inversión se realice en acciones de empresas que producen metales preciosos, su almacenamiento puede ser muy costoso.

En la década de 1970 la onza de oro subió a US$800, cuando la inflación en los Estados Unidos llegó a su pico de 15% en 1980. Luego, durante las décadas de 1980 y 1990, los precios del oro se estabilizaron alrededor de los US$300. Por lo general, el oro tiene un desempeño pobre en tiempos de estabilidad, crecimiento económico, escasa liquidez y baja inflación, y florece en tiempos de inflación e inestabilidad geopolítica.

Derivados *(Derivatives)*

Los **derivados** son instrumentos de inversión cuyo valor deriva del precio del activo con el cual se relacionan, como acciones, *commodities*, bonos e, incluso, monedas. Los derivados conforman el mercado más complejo y dinámico de las finanzas, y sus instrumentos —opciones y futuros— pueden contribuir a que los inversores reduzcan el riesgo de sus inversiones.

Opciones. Los contratos de opciones constituyen la forma más popular de títulos financieros derivados que, como el nombre lo indica, confieren al comprador el derecho —pero no la obligación— de comprar o vender un determinado título, por ejemplo una acción ordinaria o un grupo de acciones, a un precio acordado en el momento del acuerdo, en una fecha específica en el futuro o antes de ella. En otras palabras, una opción es, al igual que un contrato de futuros o a término, un acuerdo entre un comprador y un vendedor que otorga al comprador el derecho de comprar o vender un título, pero con una diferencia importante: al contrario de lo que sucede con los contratos de futuros o a término, el comprador de una opción no tiene la obligación de hacerlo.

Por ejemplo, una **opción de compra** *(call option)* de Microsoft puede costar al comprador US$8 por acción (prima de la opción) y expirar un día determinado (día de vencimiento) en el futuro con un precio por acción de US$80 *(striking price)*. Por lo tanto, por el costo o prima de US$8, el comprador de esta opción de compra tiene el derecho de comprar en cualquier momento hasta la fecha de vencimiento una acción de Microsoft a US$80.

Una **opción de venta** *(put option)* da al tenedor el derecho de vender las acciones a un precio determinado. En este caso, el vendedor o emisor *(writer)* de la opción acepta la obligación potencial de comprar las acciones al precio especificado y en cualquier momento hasta la fecha de vencimiento.

Existen dos tipos de opciones: opciones americanas *(American options)* y opciones europeas *(European options)*, y difieren según el momento en que pueden ser ejercidas.

- Las **opciones americanas** pueden ser ejercidas en cualquier momento hasta la fecha de vencimiento y se encuentran disponibles, casi exclusivamente, en los Estados Unidos.
- Las **opciones europeas** sólo pueden ser ejercidas en la fecha de vencimiento.

Existen opciones de compra y opciones de venta sobre acciones, bonos y monedas, así como también sobre una variedad de índices de acciones y bonos. Las opciones se han comercializado en los Estados Unidos durante más de 100 años y han sido estandarizadas en forma de contratos con un número específico de títulos y fechas de vencimiento y precios de ejercicio (*exercise prices* o *striking prices*) fijos. Estas características facilitan la comercialización de las opciones.

Futuros *(Futures)*. Cuando los operadores financieros se dieron cuenta de los beneficios de los contratos de futuros y a término existentes en el mercado de *commodities*, crearon un sistema similar pero restringido, principalmente, a los índices del mercado de acciones (como el S&P 500), a monedas y a tasas de interés (que también incluyen índices del mercado de bonos). Al igual que en el caso de las opciones, el propósito de los futuros financieros es reducir el riesgo. Los inversores con aversión al riesgo intentan transferir el riesgo a los especuladores que buscan grandes retornos de inversión. Los especuladores apuestan a los errores de los inversores con aversión al riesgo.

En esencia, un **contrato de futuros financieros** *(financial futures contract)* puede describirse como la obligación de adquirir (o vender) un título financiero específico, o moneda especificada, a un precio predeterminado en una fecha específica en el futuro. El vendedor de un contrato de futuros se compromete a entregar el título financiero o la moneda en la fecha acordada, si bien muy a menudo los compradores y vendedores liquidan sus obligaciones en el mercado antes de la fecha de vencimiento del contrato. Los contratos de futuros financieros se liquidan en efectivo, y jamás se efectúa la entrega física de los títulos.

Tanto quienes buscan cobertura como los especuladores utilizan los futuros financieros. Quienes buscan cobertura intentan reducir los riesgos de sus negocios. Por ejemplo, un importador norteamericano de bienes provenientes de Japón debe lidiar con las constantes fluctuaciones del tipo de cambio entre el dólar y el yen. A efectos de reducir el riesgo cambiario, el importador puede adquirir hoy el monto de yenes requerido que deberá entregar en el futuro, cuando deba efectuar el pago al exportador japonés. El importador fija hoy el costo de los yenes en el futuro y obtiene una cobertura frente al riesgo de su negocio.

Como se analizará más adelante, los derivados tienen un rol tan importante en la administración del riesgo que, de hecho, el volumen de futuros y opciones, en ciertos momentos, excede el volumen de transacciones de los títulos o valores subyacentes. No obstante, cabe destacar que los derivados pueden ser peligrosos: dado que pueden proporcionar los medios para asumir posiciones muy especulativas, pueden causar tanto enormes ganancias como tremendas pérdidas.

Resumen

Como ya se señaló, en los Estados Unidos y en el resto del mundo existen, literalmente, miles de activos de inversión o financieros, conocidos como títulos. No obstante, desde el punto de vista del inversor, son pocas las categorías que importan:

- **Efectivo:** desde la perspectiva de las inversiones financieras, se define como las disponibilidades líquidas en dinero o monedas y billetes, los depósitos a la vista *(checking o demand deposits)* y cualquier otro título que pueda ser convertido rápidamente en dinero sin riesgo de perder el monto del capital. También se consideran efectivo las letras del Tesoro emitidas por el gobierno de los Estados Unidos o por cualquier otro gobierno con buena reputación, y, además, los fondos comunes de inversión del mercado monetario, pues si bien no cuentan con las mismas garantías que las cuentas bancarias, normalmente permiten a los inversores emitir cheques contra ellos.

- **Bonos:** son instrumentos de deuda emitidos por gobiernos y empresas para períodos de más de un año. El mercado de bonos incluye notas y bonos del Tesoro, bonos corporativos, bonos municipales y provinciales o estaduales, títulos hipotecarios y títulos de deuda de las agencias federales.
  La regla general postula que cuando las tasas de interés suben, el precio de los bonos existentes baja. Si las tasas de interés caen, el precio de los bonos sube. En otras palabras, a menos que los bonos sean mantenidos en cartera hasta el vencimiento, cuando las tasas de interés fluctúan, el inversor asume un posible riesgo de variación del precio.

- **Acciones:** mientras que los inversores que mantienen activos de renta fija (efectivo y bonos) son acreedores de los emisores (gobiernos y empresas), los poseedores de acciones ordinarias son dueños de la empresa. Como tales, pueden beneficiarse tanto con los dividendos pagados por la empresa como con la potencial apreciación de sus acciones en el mercado. Por el contrario, los tenedores de bonos nunca pueden recibir más que los pagos de interés prometidos.
  A diferencia de los bonos, el tenedor de acciones ordinarias no recibe, por parte del emisor, ninguna prome-

sa de pagos específicos en un tiempo futuro y, como dueño de una parte de la propiedad de una empresa, comparte los tiempos buenos de la empresa, así como los malos.

- **Bienes raíces:** en los Estados Unidos y en otros países de Europa, para los inversores que quieren aumentar sus activos de bienes raíces o inmuebles pero carecen de los fondos suficientes para realizar adquisiciones más allá de la compra de su propia vivienda, se han desarrollado los relativamente nuevos fondos de inversión en bienes raíces. Los fondos de inversión en bienes raíces son compañías de inversión que tienen la propiedad y la administración de carteras de inmuebles, como casas, oficinas y centros comerciales.
  Los fondos de inversión en bienes raíces emiten acciones de participación en estos inmuebles y, por consiguiente, son similares a los fondos comunes de inversión. Los inversores compran estas acciones, en lugar de ser propietarios de un edificio entero.

- ***Commodities*:** los *commodities* —oro, plata, carne, algodón, lana, trigo y petróleo, entre otros— son los productos básicos que se utilizan en la elaboración de una gran variedad de productos. Las operaciones de *commodities* afectan a todos, puesto que los precios determinados en los distintos mercados tienen un impacto sobre el costo de vida.
  Los *commodities* se comercializan a nivel mundial, incluso en mayor medida que las acciones de las empresas europeas y norteamericanas o los bonos emitidos por el Tesoro de los Estados Unidos. Entre los cientos de *commodities* diferentes que se comercializan en to-

do el mundo, los metales raros o preciosos son muy populares entre los inversores. El oro y las acciones en metales preciosos —acciones de empresas que se dedican a la explotación minera de oro, plata y platino— se perciben como una de las mejores protecciones contra la inflación y la inestabilidad política.

- **Derivados:** son instrumentos de inversión cuyo valor deriva del precio del activo con el cual están relacionados, como acciones, *commodities*, bonos e, incluso, monedas. Los derivados conforman el mercado más complejo y dinámico de las finanzas y sus instrumentos —opciones y futuros— pueden contribuir a que los inversores reduzcan el riesgo de sus inversiones.

CAPÍTULO 3

Los mercados y la economía

Las principales pérdidas de los inversores derivan de la adquisición de títulos de baja calidad en tiempos en que las condiciones para los negocios son favorables.

BENJAMIN GRAHAM

La percepción general indica que los mercados se han desarrollado recientemente, a partir del surgimiento del capitalismo hace trescientos años; sin embargo, la realidad histórica demuestra que ya existían hace miles de años. Incluso antes de la creación del dinero en forma de pella de plata cinco mil años atrás, existían mercados para el intercambio de bienes, como ganado y arroz en el norte de África y Oriente Medio.

Así, en *The Four Pillars of Investing*, William J. Bernstein explica que probablemente en la prehistoria, durante miles de años, se hicieran préstamos de granos y ganado, y que, por ejemplo, por un becerro prestado en invierno, se reembolsaban dos en época de cosecha. La historia de los antiguos mercados de crédito o financieros es muy extensa, y la práctica de prestar o invertir dinero también se remonta a miles de años atrás.

Con la creación del dinero moderno, el surgimiento del capitalismo y las mejoras en las telecomunicaciones, durante los últimos ciento cincuenta años, los mercados financieros han proliferado y crecido a tasas vertiginosas en todo el mundo. De hecho, el nacimiento de mercados financieros globalizados y eficientes fue un factor clave del desarrollo económico de Europa, Japón y los Estados Unidos.

Pero la invención del dinero, según Bernstein, puso en primer plano la principal pregunta planteada a lo largo de la historia de las inversiones: ¿cuál era el retorno que debían pagar a los acreedores los prestatarios del capital? Así se colocaba en escena uno de los temas clave de entonces —y aún hoy en día— para los inversores. Una inversión exitosa implica adivinar correctamente los futuros retornos (resultados) y, por tanto, los valores o precios de los distintos activos disponibles en el mercado. El inversor que es capaz de hacerlo se convertirá definitivamente en un ganador. Más adelante, se verá que nadie tiene la habilidad —¡ni la necesidad ni la suerte!— de acertar siempre los retornos futuros.

Tasas de interés e inflación

Pero ¿qué factores afectan los valores (precios) y, por consiguiente, los retornos de los distintos activos financieros? Toda la historia antigua y moderna demuestra que uno de los principales factores que define los valores y los retornos de los activos financieros —y, en muchos casos, de los no financieros también— es la tasa de interés del mercado.

La tasa de interés es uno de los diferentes tipos de retorno —los otros son la renta y la apreciación del capital— que los prestamistas (inversores) cobran a los prestatarios del capital. Las tasas de interés responden a una multiplicidad de factores complejos, como el grado de estabilidad de la sociedad, el nivel de desarrollo económico e, incluso, las cuestiones de índole política. En realidad, la tasa de interés es sólo un indicador de las condiciones políticas, sociales y económicas generales de una sociedad.

Es importante tener presente que existe un mercado financiero, así como hay un mercado para cualquier otra cosa (naranjas, automóviles, café). Esto significa que cuando muchas personas, empresas o gobiernos desean tomar dinero prestado pero pocas desean prestar, el precio del dinero (la tasa de interés) sube. En cambio, cuando hay poca demanda de dinero por parte de los tomadores de crédito y mucha oferta por parte de inversores que desean prestar, el precio disminuye.

Existen distintas tasas de interés para distintos tipos de prestatarios (individuos, empresas, gobiernos) e instrumentos financieros (efectivo, bonos), pero todas, en términos generales, se mueven en conjunto. Si la tasa que los bancos cobran a sus principales clientes sube, la tasa impuesta a sus clientes de menor envergadura, naturalmente, también subirá. Si las empresas grandes deben pagar mayores tasas de interés cuando emiten bonos, se puede asegurar que los gobiernos deberán hacer lo mismo. Además, las tasas de interés tienen una relación directa con la inflación. Cuando, en general, se espera que la inflación aumente, los prestamistas demandarán tasas de interés más altas. En períodos en que los precios al consumidor decrecen, ocurre lo contrario.

El nivel de las tasas de interés y el comportamiento de los precios al consumidor medidos por la tasa de inflación son, probablemente, las dos variables económicas más importantes que cualquier inversor debería conocer y comprender, dado que pueden tener un profundo impacto sobre sus ahorros. Normalmente, estas variables no son independientes entre sí; en realidad, son meros síntomas de los amplios movimientos económicos y políticos subyacentes. Durante períodos de inflación relativamente alta, los inversores demandarán compensaciones por la pérdida de poder adquisitivo y es probable que presionen por un aumento en las tasas de interés, y, a la inversa, cuando los precios al consumidor son más estables. Por lo general, los niveles de las tasas de interés y la inflación son el resultado de decisiones y acciones tomadas o inducidas por los sectores público y privado.

Es obvio que si un inversor conociera la tendencia de las tasas de interés, tendría muchas formas de aprovecharse y obtener ganancias. Sin embargo, muy pocas personas pueden acertar en sus pronósticos de manera sistemática, y no siempre son las mismas las que lo logran. La única cuestión sobre la cual existe consenso casi unánime es en la dificultad de predecir los movimientos tanto de la tasa de interés como del nivel de inflación de la economía.

Para administrar sus ahorros con eficiencia, los inversores no necesitan convertirse en economistas expertos, pero deben estar informados y tener una comprensión básica de la situación económica y política general —y de los posibles impactos en los retornos de inversión— que podrían surgir a lo largo de la vida de sus inversiones.

Escenarios económicos

Habitualmente, en momentos de **crecimiento económico**, la inversión privada crece de manera notable, las tasas de interés bajan, el desempleo disminuye y las importaciones de bienes se aceleran. Este escenario económico y político de baja inflación y tasas de interés decrecientes puede generar un mercado de acciones y bonos en alza, y también de otros activos no financieros.

El crecimiento económico también puede generar un déficit en la balanza comercial del país y un incremento en la productividad de la economía. Los economistas definen la productividad como la cantidad de bienes y servicios producidos por cada unidad de los recursos (la tierra, el capital y el trabajo) utilizados. Los aumentos sostenidos de la productividad permiten mejoras constantes en el estándar de vida de una sociedad.

Asimismo, en tiempos de crecimiento económico y, sobre todo, en ausencia de la necesidad de realizar un esfuerzo económico como el requerido en tiempos de guerra, los gobiernos nacionales, estaduales, provinciales y municipales aumentan su recaudación y pueden disminuir sus déficit presupuestarios, la deuda pública y, por consiguiente, la presión sobre las tasas de interés.

Pasado un tiempo, los precios al consumidor tienden a aumentar en respuesta a una economía recalentada, y la **inflación** puede empezar a debilitar la confianza en la moneda local. Los mercados de acciones y bonos comienzan a resentirse, y los *commodities*, como el oro, y los bienes raíces prosperan porque se perciben como buenos refugios contra la inflación.

Asimismo, en tiempos de inflación y tasas de interés crecientes, es posible que el desempleo continúe declinando pero a un ritmo menor, el poder adquisitivo de los empleados se deteriora, y, mientras el precio de los bonos probablemente comience a caer, también es probable que suban las acciones de empresas que sean capaces de incrementar el precio de los bienes y servicios que proveen. A veces, las acciones resisten la inflación mejor que los bonos.

Frente a la posibilidad de inflación, el Banco Central puede contraer la cantidad de dinero u oferta monetaria *(money supply)* vía un aumento en las tasas de interés a corto plazo, que, en caso de que el ajuste sea mayor al necesario, puede empujar a la economía hacia una **recesión**. En estas condiciones económicas, es probable que la mayor parte de las inversiones sufran pérdidas, con excepción de las tenencias en efectivo —títulos con buena calificación crediticia con un plazo menor a un año—, las cuales se benefician con el incremento de las tasas de interés a corto plazo.

En una situación de recesión, aumenta el desempleo —principalmente si la productividad continúa mejorando como resultado de las innovaciones tecnológicas—, y disminuye la recaudación impositiva, tanto a nivel nacional como estadual, provincial y municipal, por lo que se genera un déficit fiscal. La contracción de la actividad económica puede provocar una disminución de las importaciones, y así, una mejora en la balanza comercial y en la competitividad de la moneda local en los mercados mundiales.

Finalmente, si la recesión y las condiciones monetarias restrictivas persisten, la **deflación** disminuye los precios al consumidor, se aprecia la moneda local, y caen las tasas de interés. Una deflación severa puede empujar a la economía hacia una depresión. Este escenario de tasas de interés decrecientes genera un mercado de bonos en alza.

En este escenario económico, el empleo y el poder adquisitivo se deterioran con rapidez, al igual que la salud financiera de los gobiernos (nacional, estadual, provincial y municipal), que probablemente presentarán un gran déficit presupuestario.

Lo que ocurre fuera de los mercados financieros también puede afectar las variables económicas, como el nivel de las tasas de interés. En determinadas circunstancias, acontecimientos políticos, como el desorden civil, la guerra, el terrorismo o shocks relacionados con el petróleo, pueden tener un impacto profundo sobre la economía y, en consecuencia, sobre los valores de las inversiones (precios y retornos). Los cuatro escenarios económicos descriptos en este capítulo son modelos simplificados de situaciones muy complejas y dinámicas con, literalmente, cientos de combinaciones posibles.

Resumen

El aspecto más importante que se debe tener en cuenta en este análisis es que los precios y, por lo tanto, los retornos de los activos de inversión (acciones, bonos, oro, bienes raíces y efectivo) pueden comportarse de manera muy diferente en distintas situaciones económicas. Por ejemplo, en determinadas circunstancias económicas y políticas, las acciones pierden su valor, pero los bonos pueden apreciarse. La relación entre las condiciones económicas, políticas y sociales, y los diferentes impactos que éstas producen en los precios de los distintos activos de inversión es clave en la construcción de una cartera de inversiones bien diversificada y eficiente.

CAPÍTULO 4

Mercados eficientes: un paseo aleatorio

Los precios no tienen memoria, y el ayer no tiene nada que ver con el mañana. Cada día se inicia cincuenta-cincuenta. El precio de ayer descontó todo ayer.

ADAM SMITH

Los mercados pueden permanecer irracionales por mucho más tiempo de lo que usted puede permanecer solvente.

LORD KEYNES

En un paseo aleatorio *(random walk)* no se puede hacer una predicción de los movimientos o direcciones futuras sobre la base de acciones pasadas. Si esta definición se aplica a los mercados desarrollados, significa que los precios de los activos de inversión, como acciones, bonos y bienes raíces, no pueden predecirse sobre la base de la experiencia pasada. Llevado a un extremo, y parafraseando a muchos autores, en un mercado eficiente, un mono con los ojos vendados que arroja dardos a las páginas financieras del diario puede seleccionar una cartera de inversiones cuyo desempeño sea tan bueno como el de cualquier cartera seleccionada por administradores financieros profesionales.

La mayoría de los administradores de inversiones piensan que pueden superar el desempeño de los meros aficionados en la administración de fondos. La comunidad académica cree lo contrario, y sus argumentos se apoyan en un poderoso concepto denominado la **Teoría de los Mercados Eficientes** *(Efficient Markets Theory)*. La teoría sostiene que los precios de las acciones y los bonos —y de los otros activos de inversión— reflejan casi al instante toda la información pertinente. Esto implica que los títulos comercializados no están sobrevaluados ni subvaluados y, en consecuencia, no es posible obtener ganancias inusualmente distintas a las del mercado de manera sistemática. Por lo tanto, los inversores no pueden ganarle a los mercados constantemente. Los académicos creen que, en mercados razonablemente desarrollados, las carteras administradas por profesionales no pueden obtener un rendimiento mayor al de las carteras seleccionadas de manera aleatoria, con características de riesgo equivalentes. En otras palabras, la comunidad académica respalda la idea de que los mercados financieros desarrollados son muy eficientes y, por lo tanto, nadie puede sacar ventaja verdadera sobre los demás jugadores (inversores) de manera sistemática durante un largo período.

No obstante, la Teoría de los Mercados Eficientes se basa en algunos supuestos discutibles:

- Precios perfectos, lo cual significa que toda la información que afecta los títulos está a disposición de todos los operadores del mercado con rapidez y por lo tanto se ve rápidamente reflejada en los precios. No siempre se cumple con el supuesto, dado que, por ejemplo, en los mercados de acciones continúan aflorando casos de individuos que realizan operaciones basándose en información privilegiada *(insider trading)*.

- Contabilidad precisa y confiable, otro supuesto que no siempre cumplen los mercados, como lo demuestra el escándalo de Enron.
- Inexistencia de poder monopólico en manos de unos pocos jugadores del mercado, que, de nuevo, no es un supuesto perfecto, debido a la presencia de grandes corredores *(brokers)* y otros administradores financieros institucionales.

A pesar de estas ineficiencias, existen, literalmente, cientos de estudios que demuestran que los mercados financieros desarrollados son, de hecho, muy eficientes, a tal punto que, cuando se tienen en cuenta los costos de realizar las operaciones, resulta muy difícil que alguien obtenga ganancias por encima del promedio del mercado en forma sistemática por un período largo. Pero en los mercados emergentes la historia puede ser muy diferente, y no existen demasiados estudios serios al respecto como en los Estados Unidos y otros pocos mercados desarrollados. Además, en las economías emergentes es aún más difícil que se cumplan los supuestos de eficiencia del mercado descriptos.

Eugene Fama fue uno de los muchos economistas financieros que contribuyeron a los trabajos de investigación que apoyan la Teoría de los Mercados Eficientes. Sin embargo, en los últimos años, se ha desarrollado un gran número de estudios que arrojan dudas sobre la validez de esta teoría y alegan que es posible ganarle al mercado de manera sistemática.

La lucha incesante por ganarle al mercado, librada por los sagaces y altamente capacitados administradores financieros profesionales, es la "mano invisible" que empuja los mercados de inversión hacia la eficiencia.

Resumen

La controversia entre académicos y administradores financieros profesionales continúa aún en la actualidad. La conclusión de muchos académicos e inversores profesionales es que, si bien el mercado no es perfecto, es suficientemente eficiente para que los inversores sensatos no tengan esperanzas de explotar sus ineficiencias de manera sistemática.

Más adelante se describe una de las mejores prácticas de inversión, la de "Diversificar los activos", que es el proceso de construcción de carteras de inversión aprovechando las eficiencias del mercado.

CAPÍTULO 5

Aprovechamiento oportuno de los movimientos del mercado

No siempre intente comprar en el valor mínimo y vender en el máximo. Esto no es posible... salvo para los mentirosos.

BERNARD BARUCH

Una de las formas más comunes de tratar de incrementar los retornos potenciales, empleada tanto por inversores profesionales como aficionados, es el aprovechamiento oportuno o anticipación de los movimientos del mercado *(timing the markets* o *market timing)*. Es decir, el inversor desea tener su dinero completamente invertido en acciones, bonos u oro en los momentos en que el mercado cotiza en alza y tomar posiciones en efectivo cuando los mercados están en baja. En otras palabras, el inversor debe volverse estratega, capaz de vaticinar los movimientos del mercado mediante el análisis de datos económicos, políticos, sociales y financieros.

Todos los inversores, en alguna medida, están interesados en ingresar en los mercados y en salir de ellos en los momentos "justos", de ahí se deduce que las fluctuaciones del mercado son inevitables, y, por lo tanto, se torna difícil, sino imposible, predecir sus "pisos" y sus "techos". Es bastante sencillo pronosticar que el mercado puede alcanzar un piso o un techo; la cuestión es saber en qué momento lo hará. Cualquier persona puede prever, sin equivocarse, que la tasa de interés subirá; la pregunta, desde el punto de vista del inversor, es cuándo.

El legendario inversor Peter Lynch dijo una vez que "los inversores han perdido mucho más dinero preparándose para las correcciones del mercado, o intentando anticiparse a ellas, del que han perdido producto de las propias correcciones".

La mayor parte de los estudios desarrollados por profesionales y académicos sobre el aprovechamiento oportuno de los movimientos del mercado desestima la habilidad de los administradores financieros para producir resultados superiores al promedio mediante dicha práctica. Alfred Cowles, utilizando las nuevas máquinas de perforación de tarjetas *(punch card machines)*, desarrolló uno de los estudios pioneros sobre los boletines informativos financieros a comienzos de la década de 1920 y obtuvo resultados concluyentes: los inversores habrían estado en mejores circunstancias si hubieran lanzado monedas al aire (cara o ceca) en lugar de seguir las recomendaciones de los boletines informativos.

John Graham y Campbell Harvey realizaron un importante estudio de 237 escritores de boletines informativos sobre los mercados. Efectuaron mediciones para verificar la habilidad de estos boletines para anticipar los movimientos del mercado y encontraron que menos del 25% de las recomendaciones eran correctas, muy por debajo del 50% que se hubiera obtenido lanzando una moneda al aire. Aún peor, no encontraron asesores cuyos pronósticos fueran acertados de manera sostenida.

En relación con los escritores de los boletines informativos que dan recomendaciones sobre inversiones, es útil tener presente la famosa opinión de Malcom Forbes: "el único dinero que se obtiene con boletines informativos es el que se cobra por sus suscripciones, no por seguir sus recomendaciones".

El problema con la anticipación de los movimientos del mercado es que el inversor está, en efecto, compitiendo con el resto de los jugadores, que, en su mayoría, son administradores financieros profesionales que se ganan la vida intentando superar al mercado. La evidencia sobre el éxito de estos administradores de inversiones es muy sólida y muy desalentadora, puesto que ninguno es mucho más astuto que los otros. Además, en su intento por aprovechar oportunamente los movimientos del mercado, el inversor sin duda realizará más operaciones y rotará más la cartera de inversiones, lo que tiene consecuencias negativas en materia de impuestos y comisiones de los corredores.

Sobre esta práctica, John Bogle, ex presidente del directorio de Vanguard Group, opina: "En 30 años en este negocio, no conozco a nadie que lo haya realizado con éxito y en forma sostenida, ni a nadie que conozca a alguien que lo haya hecho con éxito y en forma sostenida".

Es obvio que resulta muy difícil lograr el aprovechamiento oportuno de los movimientos del mercado con alto grado de precisión, no sólo porque hay muchas personas inteligentes intentando hacerlo, sino también por el gran número de factores que pueden incidir sobre los precios y los retornos de mercado. Estos factores incluyen el pronóstico de las tasas de interés, la inflación, el desempleo, la productividad, el crecimiento del PBI y algunos más, como, por ejemplo, la futura política monetaria y fiscal. Los economistas y analistas financieros experimentados siempre realizan pronósticos respecto del nivel futuro de todas estas variables, pero sin demasiada precisión y consistencia a lo largo del tiempo.

Resumen

A pesar de toda la evidencia negativa sobre el intento de anticipar los movimientos del mercado para mejorar los retornos potenciales, esta práctica es irresistible y la mayoría de los inversores la utilizan, inducidos, sobre todo, por sus asesores financieros.

Más adelante se describirán los pasos para la selección de inversiones eficientemente diversificadas, una técnica para reducir el riesgo de la cartera y, al mismo tiempo, preservar el retorno generado por ella.

Un viejo dicho sostiene que nadie hace sonar una campana cuando finaliza una tendencia alcista del mercado *(bull market)*. Y esto es algo que los inversores siempre deberían tener presente.

CAPÍTULO 6

Las burbujas del mercado

Puedo predecir el movimiento de los cuerpos celestes, pero no la locura de las multitudes.

ISAAC NEWTON

Es probable que el inversor inteligente necesite una fuerza de voluntad considerable para abstenerse de seguir a las multitudes.

BENJAMIN GRAHAM

Las **burbujas del mercado** *(market bubbles)* son una constante en la historia de los mercados financieros, de los *commodities* y de los bienes raíces. En esencia, dichas burbujas se potencian por el frenesí de la codicia especulativa descontrolada. De vez en cuando, los mercados y el público inversor se vuelven locos, y la locura sólo es evidente en retrospectiva.

Como ya se mencionó, la inversión financiera no es una ciencia exacta, sino una ciencia social. Si un físico o un químico desconocen la historia de su disciplina, esto no tiene una gran repercusión en su práctica diaria, mientras que el inversor que desconoce la historia económica y financiera está verdaderamente limitado.

Los inversores deberían saber que los mercados pueden ser extremadamente volátiles: en forma artificial, pueden generar una tendencia al alza en los precios y crear lo que se conoce como una **burbuja**, o pueden sufrir una depresión durante años. Los registros históricos recopilados por muchos años indican a los inversores el probable comportamiento a corto y a largo plazo de los diferentes activos de inversión.

Durante los últimos siglos se han registrado muchas burbujas y crisis de los mercados; y debería incluirse en la educación de todo inversor una apreciación de las manías de las personas y de los cracks de mercado. Es muy claro que un inversor sólo puede identificar una burbuja después de que explotó. Una de las últimas y de las más espectaculares burbujas de la historia reciente fue el drástico aumento y la posterior caída de las acciones de las empresas de Internet en los mercados desarrollados. En su delirio por ganar dinero, los participantes del mercado no prestan atención a los conceptos fundamentales de valor —como las ganancias de las empresas y la liquidez— y en su lugar suponen que ellos también pueden ganar mucho dinero.

Lo que resulta, en verdad, asombroso de las burbujas de los mercados es que son recurrentes. Es infantil creer que los ciclos de auge y caída han sido abolidos o lo serán en el futuro. Los valores o precios de mercado que dependen de razones puramente psicológicas han sucumbido y seguirán sucumbiendo bajo la ley fundamental de la gravedad. Los perdedores sistemáticos son aquellos inversores incapaces de resistir la tentación del entusiasmo del mercado y son atraídos por él, o los que desperdician dinero en lances especulativos a corto plazo.

"El mercado siempre corrige, en algún momento, cualquier irracionalidad, aunque a su manera, lenta e inexorable. Pueden surgir anomalías, y los mercados pueden volverse irracionalmente optimistas pero, al final, reconocen el verdadero valor (precio); y ésta es la lección principal que los inversores deben aprender", dice Burton G. Malkiel.

Resumen

Es importante tener presente que la historia de los auges y las declinaciones indica que, en los buenos tiempos, cuando las cosas se ven maravillosas, los retornos futuros de los activos serán los más bajos; en los malos tiempos, cuando las cosas se ven negras, los retornos futuros serán los más altos. Más adelante, se describirá una de las mejores prácticas de inversión, denominada "Volver a equilibrar la cartera", parte del proceso de diversificación de inversiones que mantiene constante las participaciones de los activos y que induce a los inversores a vender en los buenos tiempos, cuando los mercados están eufóricos, y a comprar en los malos tiempos, cuando los precios son bajos.

PARTE 2

Riesgos y retornos de inversión

CAPÍTULO 7

Riesgo y retorno

Al invertir dinero, el monto de interés que usted desea obtener debería depender de si prefiere comer bien o dormir bien.

J. Kenfield Morley, *Some Things I Believe*

Sin ninguna duda, el concepto más importante que un inversor debería comprender es la relación que existe entre riesgo y retorno. Muchas veces, los inversores inexpertos —alentados por administradores financieros profesionales y con el fin de obtener retornos potenciales altos— invierten sus fondos en activos extremadamente volátiles, sin evaluar de manera adecuada los riesgos y sus consecuencias.

Retorno de la inversión

En términos generales, el retorno de cualquier activo de inversión es el ingreso que éste genera en forma de intereses, dividendos, alquileres o apreciación de capital. Los retornos varían en función de las condiciones de mercado que, a su vez, dependen de la psicología de las masas así como también de factores económicos y/o políticos. Pero como se señaló anteriormente, es muy difícil predecir en forma consistente el comportamiento futuro de los acontecimientos económicos y políticos.

Es casi imposible predecir en forma sistemática las variaciones futuras en los retornos de los mercados de inversión y sólo pueden explicarse en forma retrospectiva; es decir, luego de que hayan sucedido. Por eso, los retornos de los activos de inversión en el pasado no constituyen un indicador muy preciso de su comportamiento futuro, y prácticamente son inútiles a corto plazo.

Riesgo de la inversión

Independientemente de que la inversión sea realizada en acciones, bonos, bienes raíces o en cualquier otro tipo de activo de inversión, el inversor es principalmente retribuido por su exposición a un único factor: el riesgo. El riesgo total de un activo de inversión se define como la volatilidad o inestabilidad de sus retornos periódicos, lo cual incluye las variaciones en el precio de mercado de estos activos y, en el caso de las acciones y bonos, el inherente riesgo crediticio del emisor. Riesgo y retorno son las dos caras de una misma moneda: a retornos elevados, alto riesgo; a un alto nivel de seguridad, retornos bajos.

De este modo, el riesgo financiero o de inversión es un indicador de la volatilidad o dispersión de los retornos futuros de cualquier activo de inversión. Los académicos y los expertos de mercado emplean la fórmula estadística de la varianza o el desvío medio estándar para calcular efectivamente el riesgo de cada título o categoría de activos de inversión. El desvío medio estándar de un determinado activo de inversión, expresado en puntos porcentuales, refleja, en buena medida, su riesgo. En otras palabras, el riesgo total de un activo de inversión es la volatilidad de sus retornos periódicos, medido por su desvío medio estándar. Un desvío estándar elevado muestra que el activo puede enfrentar períodos de retornos bajos o incluso negativos. Un activo de inversión libre de riesgo, como una letra del Tesoro de los Estados Unidos o un certificado de depósito de un banco sólido, tendría un desvío medio estándar equivalente o cercano a cero.

Expresado desde un punto de vista más académico, la tasa de retorno promedio de cualquier activo de inversión tiene tres componentes:

1) la tasa de retorno libre de riesgo, tal como la tasa de una letra del Tesoro,
2) una prima *(premium)* o remuneración debido a la inflación esperada, y
3) una prima adicional para compensar a los inversores por aceptar los riesgos de mercado (por ejemplo, el mercado de acciones).

Evidencia histórica

En los últimos siglos, los estudios realizados sobre el comportamiento de los mercados de acciones y bonos muestran claramente que los activos con retornos más altos invariablemente traen aparejado un riesgo extremadamente alto, mientras que los activos seguros, en la mayoría de los casos, generan menores retornos. Para el caso de los títulos de los Estados Unidos, hay datos valiosos que se remontan hasta comienzos de 1800 y registros muy detallados desde 1926. Posiblemente los trabajos más completos sobre riesgo y retornos que abarcan desde 1800 hasta 2001 sean los realizados por Roger Ibbotson y Rex Sinquelfield, y los de Jeremy Siegel desde 1801.

El cuadro 7.1 muestra un resumen del trabajo de Ibbotson-Sinquelfield, y cubre el período que se extiende desde 1926 a 1998. Retornos similares han sido obtenidos a lo largo de períodos de tiempo incluso más prolongados que aquellos documentados por Ibbotson-Sinquelfield. El cuadro 7.2 muestra los resultados obtenidos por Jeremy Siegel, quien ha analizado los retornos de los títulos para varios períodos que cubren desde 1802 hasta 2001. Lo que estos académicos hicieron fue medir el aumento o la disminución porcentual anual del retorno para cada categoría de activos. En el caso de las acciones, los retornos incluyen los pagos de dividendos y la apreciación del capital.

Ambos estudios muestran claramente que, en un extenso período de tiempo, las acciones ordinarias —de grandes y pequeñas empresas— han generado mayores retornos que los bonos de mediano y largo plazo, las letras del Tesoro y la tasa de inflación. Además, de acuerdo con Jeremy Siegel, "en otros países, los retornos de las acciones también han sido sustancialmente superiores a los generados por activos de renta fija".

CUADRO 7.1: RETORNOS NOMINALES ANUALIZADOS DE DISTINTOS ACTIVOS (1926 A 1998)

Activo	Retorno anualizado (%)	Desvío estándar (%)	Peor retorno de un solo año (%)
Letras del Tesoro (30 días)	3,8	3,2	0,0
Nota del Tesoro a 5 años	5,3	5,7	–5,1
Bonos del Tesoro a 20 años	5,3	9,2	–9,2
Acciones empresas grandes	11,2	20,3	–43,3
Acciones empresas pequeñas	12,2	38,1	–59,1
Inflación	3,1	—	—

Cuadro 7.2: Retornos nominales anualizados de distintos activos (%) (1802 a 2001)

	Acciones ordinarias		Bonos del Tesoro		Letras del Tesoro	Inflación
Períodos	Retorno nominal	Riesgo	Retorno nominal	Riesgo	Tasa nominal	Precios al consumidor
1802-2001	8,3	17,5	4,9	6,3	4,3	1,4
1926-2001	10,2	20,3	5,3	9,5	3,9	3,1
1946-2001	11,6	16,8	5,5	10,7	4,9	4,1
1946-1965	13,1	19,5	1,6	7,1	2,0	2,8
1966-1981	6,6	17,2	2,5	12,3	6,9	7,0
1982-2001	14,1	14,9	12,0	13,8	6,1	3,2

Los cuadros 7.1 y 7.2 además reflejan que, a largo plazo, los retornos de las letras del Tesoro apenas superan a la inflación, mientras que los bonos del Tesoro generan el mismo retorno que las notas del Tesoro, con un riesgo sustancialmente mayor. De este modo, las acciones han generado tasas de retorno "reales" dado que su retorno excede la tasa de inflación del período. No obstante, los retornos de las acciones son muy volátiles, como lo indican su desvío estándar —que es una medida del riesgo— y los amplios retornos anuales negativos, reflejados en el cuadro 7.1 (peor retorno de un solo año en el período 1926-1998). De hecho, durante el período 1926-1997, los retornos de las acciones han sido negativos en tres de cada diez años. Si bien durante algunos años los inversores han obtenido mayores retornos provenientes de las acciones, ello ha sido a expensas de aceptar un mayor riesgo.

Se han elaborado estudios similares a los de Ibbotson y Siegel para otros países desarrollados y categorías de activos de inversión tales como *commodities* (oro, petróleo, entre otros) y bienes raíces. Dichos estudios muestran que, a largo plazo, los inversores han obtenido retornos más altos por haber asumido mayores riesgos. Conforme Roger Ibbotson, "una de las proposiciones mejor documentada en el campo de las finanzas es la que sostiene que, en promedio, los inversores han recibido mayores tasas de retorno por asumir un mayor riesgo".

Resumen

En general, los retornos de los activos de inversión de los cuadros 7.1 y 7.2 se denominan retornos a largo plazo, históricos, promedios o esperados, dado que han sido calculados tomando en cuenta una gran cantidad de años. Los retornos y los riesgos de inversión históricos de varias clases de activos son muy conocidos y pueden utilizarse como guía para estimar los retornos y riesgos de dichos activos en el futuro. La dificultad para los inversores reside en el hecho de que, principalmente para períodos de tiempo más cortos —menores a 20 años—, los retornos futuros pueden resultar dramáticamente diferentes a los retornos y riesgos históricos, esperados o promedios que muestran los cuadros 7.1 y 7.2.

CAPÍTULO 8

Riesgo, retorno e inflación

¿Qué inversión podemos hallar que ofrezca un ingreso real constante y seguro? Como lo observarán claramente los lectores de este libro, el hombre o la mujer que invierte en bonos está especulando con el nivel general de precios, o con el poder de compra del dinero.

IRVING FISHER,
How to Invest When Prices Are Rising

Como hemos visto anteriormente, aun en los períodos de mayor prosperidad, cuando es fácil el acceso al crédito y caen las tasas de interés, los precios al consumidor pueden aumentar. Como lo demuestra la historia de los mercados financieros, para los inversores individuales la inflación constituye el verdadero problema, y no los tan famosos y temidos cambios cíclicos en los precios de los títulos. A largo plazo, el foco de todo inversor debería ser el crecimiento del poder adquisitivo, es decir, el crecimiento de su riqueza monetaria ajustada por el efecto de la inflación.

El continuo incremento de los precios al consumidor, medido por la tasa de inflación, erosiona el poder adquisitivo y es el verdadero enemigo de cualquier inversor. Concretamente, para mantener el poder adquisitivo, toda inversión debe producir una tasa de retorno al menos equivalente a la tasa de inflación más cualquier impuesto que debe pagarse sobre el ingreso. Y, como se ha señalado, debido a que la inflación es una variable condicionada por factores económicos, sociales e incluso políticos, su comportamiento futuro es muy difícil de predecir.

Evidencia histórica

Como pueden testificar los inversores alemanes, la inflación puede ser una experiencia dura para los tenedores de bonos. Durante la hiperinflación de la década de 1920, los bonos alemanes perdieron el 100% de su valor en unos pocos meses. Asimismo, los inversores de todo el mundo se vieron afectados por la alta inflación que se extendió desde 1965 hasta 1983, y comenzaron a reclamar una "prima por inflación" cuando compraban bonos a largo plazo.

Por el contrario, durante el período 1979-2003 en los Estados Unidos, la tasa de inflación cayó del 15% en 1979 al 2% en 2003 y produjo una baja en los rendimientos —un aumento de los precios— de los bonos a largo plazo del 12% al 5%, generando un retorno anual promedio cercano al 10% para una cartera de inversiones de renta fija estándar. Estas experiencias resultaron decisivas para que los bancos centrales comenzaran a controlar la inflación mediante un cuidadoso control de la cantidad de dinero u oferta monetaria en la economía.

A modo de ejemplo del impacto de la inflación, los cuadros 7.1 y 7.2 resumen los retornos nominales de las acciones de los Estados Unidos, los bonos y letras del Tesoro desde comienzos del siglo XIX. Las acciones han obtenido los retornos más altos (8,3%) del período, seguidas por los bonos (4,9%) y letras (4,3%). Pero todos estos retornos son "nominales" en el sentido de que no tienen en cuenta la inflación, cuyo promedio anual fue de 1,4% durante ese período. Por lo tanto, los retornos "reales" —señalados en el cuadro 8.1— fueron de un 6,9% para las acciones, de un 3,5% para los bonos, y de un 2,9% para las letras.

También, en este caso, las acciones han mostrado un desempeño superior a las inversiones de renta fija en todos los períodos analizados. Como veremos más adelante, siempre que se analicen períodos superiores a 20 años, los resultados serán similares. Por el contrario, cuando los períodos sean menores a 20 años, las acciones pueden tener un desempeño sustancialmente inferior al de las inversiones de renta fija.

Cuadro 8.1: Retornos reales anualizados de distintos activos (%) (1802 a 2001)

	Acciones ordinarias		Bonos del Tesoro		Letras del Tesoro		Inflación
Períodos	Retorno real	Riesgo	Retorno real	Riesgo	Retorno real	Riesgo	Precios al consumidor
1802-2001	6,9	18,1	3,5	8,9	2,9	6,1	1,4
1926-2001	6,9	20,3	2,2	10,7	0,7	4,1	3,1
1946-2001	7,1	17,4	1,3	11,5	0,6	3,3	4,1
1946-1965	10,0	18,7	–1,2	8,1	–0,8	2,1	2,8
1966-1981	–0,4	17,1	–4,2	13,2	–0,2	2,4	7,0
1982-2001	10,5	14,7	8,5	13,6	2,8	1,7	3,2

Si bien la inflación puede afectar negativamente las acciones, las empresas —a veces— pueden aumentar los precios de los bienes y servicios que producen, por lo que sus ganancias y los valores o precios de sus acciones pueden aumentar junto con la inflación. Este mecanismo de protección contra la inflación que tienen las acciones no es de ninguna manera automático y se restringe bastante durante los períodos de recesión, cuando disminuye el poder de fijación de precios de las compañías. Pero, en general, existe un fuerte consenso en torno a la idea de que las acciones se ven menos afectadas que los bonos por la inflación.

Protección contra la inflación

Anteriormente se ha mencionado que, en el caso de los bonos, es posible eliminar el riesgo de inflación mediante la compra de Títulos del Tesoro Protegidos contra la Inflación *(Treasury Inflation Protected Securities, TIPS).* El precio de estos bonos a largo plazo puede fluctuar en caso de que haya cambios en las tasas de interés, pero, si se los mantiene en cartera hasta su vencimiento, garantizan la preservación del poder adquisitivo real dado que su capital es ajustado por la tasa de inflación en forma anual. Recientemente, algunos expertos han argumentado que los Títulos del Tesoro Protegidos contra la Inflación (TIPS) emitidos por países desarrollados son los activos de inversión que pueden considerarse verdaderamente libres de riesgo, ya que son emitidos por gobiernos del Primer Mundo y no son afectados negativamente por la inflación.

Por otro lado, existen algunos activos de inversión tales como los metales preciosos (oro, platino, etcétera), los bienes raíces y los bienes de "colección" (arte, monedas exóticas, etcétera), conocidos como "activos duros", los cuales también suelen tener un buen desempeño durante los períodos inflacionarios.

Resumen

Si bien muchos analistas creen que, debido al rápido aumento de la productividad generado por los últimos avances tecnológicos, la relativa estabilidad de precios de los últimos años continuará indefinidamente, nadie puede suponer que las economías europeas sostendrán, perpetuamente, tasas de desempleo de dos dígitos. Más aún, actualmente, los Estados Unidos tienen déficit récord en su cuenta corriente y en su balanza comercial, y están dejando que su moneda se devalúe frente a la de sus principales socios comerciales. Por otro lado, si bien las causas de la inflación en un determinado país tienen un importante componente local, lo cierto es que también están influidas por acontecimientos económicos de otros países (por ejemplo, la inflación puede ser "importada"). Por lo tanto, un inversor cometería un grave error si creyera que la presión al alza en los precios ha desaparecido del horizonte.

Incluso una tasa de inflación anual de un 3% o un 4% —tasa considerablemente menor a las registradas en la década de 1970— acumulada durante un cierto número de años, podría tener un efecto devastador en términos del poder adquisitivo. Por lo tanto, si un inversor desea protegerse de una tasa de inflación incluso pequeña, debe desarrollar estrategias de inversión orientadas a mantener su poder adquisitivo.

CAPÍTULO 9

Riesgo, retorno y tiempo

Mi período de inversión favorito es para siempre.

WARREN BUFFETT

Sólo adquiera algo que usted estaría perfectamente feliz de mantener si el mercado cerrara por diez años.

WARREN BUFFETT

La relación entre riesgo y retorno ha sido ampliamente documentada durante siglos por miles de trabajos desarrollados por profesionales y académicos en muchos países del mundo. Sin embargo, los inversores a veces pasan por alto una relación no menos importante: el vínculo entre el riesgo, el retorno y el tiempo.

Horizonte temporal

Cuanto mayor sea el período durante el cual se mantiene en cartera un activo de inversión —denominado por los administradores financieros como horizonte temporal *(time horizon)* de la inversión— el retorno efectivo de ese activo se aproximará más a su promedio esperado o histórico. En otras palabras, cuanto mayor sea el tiempo durante el cual se mantiene en cartera un activo de riesgo, menores serán las chances de obtener un mal rendimiento. El período durante el cual un inversor puede mantener una inversión se conoce como la **capacidad de permanencia** *(staying power)*.

Como se explicará más adelante, la capacidad de permanencia juega un rol decisivo en el riesgo efectivamente asumido con la inversión. Esta capacidad es función no sólo de la situación financiera sino también de la personalidad del inversor.

Si el "horizonte temporal" de una inversión —el período durante el cual los resultados de la inversión serán medidos y evaluados— es muy corto, el inversor debería evitar los activos de mayor retorno (y riesgo) ya que éstos no le resultarán convenientes. Por ejemplo, si el horizonte temporal del inversor es sólo de un año y si necesita obtener una tasa de retorno positiva, la inversión correcta sería adquirir un certificado de depósito de un banco sólido por un año o una letra del Tesoro emitida por un gobierno solvente. Por otro lado, si el horizonte temporal de la inversión es razonablemente largo, los inversores podrían estar más dispuestos a invertir en activos que resultan muy riesgosos a corto plazo.

Tiempo y edad

Es el inversor quien define su "horizonte temporal", que está directamente relacionado con su edad, su personalidad y su situación económica y financiera. Con la edad, los inversores tienden a tornarse más conservadores dado que les queda un menor número de años en los que percibirán ingresos por su trabajo. Aún así, existen algunos jóvenes inversores con gran aversión al riesgo que, bajo ninguna circunstancia, son capaces de optar por activos riesgosos.

Como se señalará más adelante, debido al rechazo para absorber pérdidas y, a pesar de que esté bien documentado que las acciones tienen un mayor rendimiento que los bonos, la alta probabilidad de que las acciones tengan un rendimiento inferior al de los bonos a corto plazo es la principal razón por la cual muchos inversores prefieren no mantener posiciones en acciones.

Charles D. Ellis sostiene que "el tiempo es la palanca de Arquímedes en el campo de las inversiones", debido a que cuanto mayor sea el horizonte temporal de las inversiones, los activos que pueden parecer riesgosos se vuelven más atractivos. En otras palabras, el tiempo transforma las inversiones poco atractivas en muy atractivas, y viceversa.

Por ejemplo, un inversor prudente no invertiría en acciones ordinarias si su horizonte temporal es de un mes o un año. Esto se debe a que, casi con certeza, la volatilidad del retorno será muy alta en comparación con el retorno esperado promedio o histórico. La tenencia de acciones ordinarias a corto plazo no es una inversión: es sencillamente una especulación.

Si por un momento dejamos de lado los aspectos de la personalidad, un inversor que tiene en mente un horizonte temporal muy largo puede tender a invertir todo su dinero en acciones ordinarias tan sabiamente como cualquier inversor que, con un horizonte temporal más corto, invierte en certificados de depósito de un banco. La cuestión de fondo es que las acciones ordinarias, ciertamente, generan tasas de retorno promedio o históricas superiores a las generadas por los certificados de depósito o los bonos, pero, en el lapso de un año o dos, la tasa de retorno efectiva podría ubicarse sustancialmente por encima o por debajo del retorno esperado a largo plazo.

Ésta es la razón por la cual muchos asesores de inversiones consideran que los ahorros destinados a conformar un fondo de jubilación no deberían invertirse en el mercado de acciones, al menos después de cierta edad. Para los inversores que no estén dispuestos a jugar con el dinero de su jubilación, académicos tales como Zvi Bodie y Mike Clowes —véase *Worry-Free Investing* en la bibliografía— simplemente recomiendan comprar bonos protegidos contra la inflación, tales como los Títulos del Tesoro Protegidos contra la Inflación (TIPS).

Como se explicará más adelante, a los efectos de diseñar adecuadamente la composición de la cartera, el inversor debe conciliar, en su inversión, el mejor horizonte temporal de acuerdo con su propia capacidad y tolerancia al riesgo.

Resumen

Los expertos financieros y los académicos tienden a estar de acuerdo en que, a corto plazo, las acciones son más riesgosas que los activos de renta fija. Sin embargo, es interesante leer lo que Jeremy J. Siegel dice en referencia a lo que ocurre a largo plazo en su libro *Stocks for the Long Run*. "La evidencia histórica", sostiene Siegel, "indica que podemos tener más certeza del poder adquisitivo que tendrá, dentro de 30 años, una cartera diversificada integrada por acciones ordinarias, de la que podemos tener respecto del poder adquisitivo del pago final de un bono a 30 años del gobierno de los Estados Unidos". Renta fija no es sinónimo de "poder adquisitivo fijo o constante", ya que el inversor especula con el nivel general de inflación.

Los inversores siempre deben tener presente que el tiempo es su herramienta de inversión más importante.

PARTE 3

La teoría de la inversión

Teorías de valuación de activos

Como se mencionó en el prefacio del presente libro, aquellos inversores que no estén interesados en profundizar su conocimiento en las teorías que respaldan la práctica de la inversión financiera pueden saltear los próximos tres capítulos.

Los inversores interesados en las teorías de la inversión deberían recordar que todo retorno derivado de una inversión —ya sea de títulos financieros o de metales preciosos— depende del comportamiento de los eventos futuros. En otras palabras, la inversión es un juego cuyo éxito depende de la habilidad del jugador para predecir el futuro con precisión.

Obviamente, no existe un único método para jugar en un tablero tan sofisticado y complejo. Pero, tradicionalmente, los administradores financieros profesionales —que tratan de aprovechar oportunísticamente los movimientos de los mercados comprando y vendiendo títulos activamente— han empleado uno de dos posibles enfoques para la valuación de activos. Burton G. Malkiel denomina a estos enfoques la **Teoría del Análisis Fundamental** *(The Firm-Foundation)* y la **Teoría de los Castillos en el Aire** *(Castle-in-the-air)*.

A partir de estas dos teorías para la valuación de activos se han desarrollado un par de técnicas para predecir el valor futuro de los activos financieros. La mayoría de los profesionales del mercado, tanto en mercados desarrollados como en mercados emergentes, cree que, en cierta medida, es posible predecir los precios de los títulos mediante la utilización del **análisis fundamental** (derivado de la Teoría del Análisis Fundamental) y del **análisis técnico** (derivado de la Teoría de los Castillos en el Aire).

En otras palabras, las dos técnicas tienen como objetivo predecir los precios de los títulos o valores y fueron desarrolladas para ayudar a los inversores y administradores financieros profesionales activos a estimar con precisión la tasa de retorno que puede esperarse de una inversión. En finanzas se hace referencia a esta tasa de retorno como el **retorno esperado.**

Por el contrario, la mayor parte de los economistas teóricos cree que los precios no son predecibles y, durante la década de 1970, crearon su propia teoría denominada la **Nueva Tecnología de Inversión** *(New Investment Technology)*.

Ahora explicaremos brevementes estas tres teorías de la valuación de activos.

CAPÍTULO 10

Teorías de valuación de activos
Teoría del Análisis Fundamental

¿Qué es un cínico? Alguien que conoce el precio de todo y el valor de nada.

OSCAR WILDE, *El abanico de lady Windermere*

El mayor de todos los dones es el poder de estimar el verdadero valor de las cosas.

LA ROCHEFOUCAULD

La teoría

Para los profesionales del mercado que apoyan la Teoría del Análisis Fundamental *(Firm-Foundation Theory)* con respecto a la valuación de activos, cualquier instrumento de inversión (acciones, bonos, bienes raíces, oro, etcétera) tiene valor en sí mismo. En otras palabras, un activo posee un "valor intrínseco" que depende de las condiciones actuales y las perspectivas futuras del mercado.

Así, el valor de un activo es una función de las condiciones actuales y futuras de factores o variables "fundamentales" *(fundamentals)* de índole económica, financiera, tecnológica e incluso sociocultural, tales como:

- la tasa de crecimiento esperada de la empresa y de la rentabilidad o rendimientos de dividendos, en el caso de acciones;
- el riesgo de incumplimiento *(default risk)*, en el caso de bonos corporativos;
- el nivel de inflación y de las tasas de interés de mercado para acciones, bonos, bienes raíces y metales;
- etcétera.

El análisis fundamental es la técnica que consiste en predecir la evolución de estos factores o variables fundamentales para seleccionar títulos o activos individuales. Los analistas de mercado que aplican la técnica del análisis fundamental exploran constantemente el mercado en busca de oportunidades de compra o venta. Cuando el precio de un activo cae por debajo de su valor intrínseco calculado según los principios de la Teoría del Análisis Fundamental, surge una oportunidad de compra, pues, tarde o temprano, el mercado acabará por corregir la "distorsión" momentánea. Por el contrario, cuando el precio de un activo se encuentra por encima de su valor intrínseco, aparece una oportunidad de venta.

La técnica del análisis fundamental puede emplearse para valuar no sólo títulos negociables en el mercado sino también cualquier activo. Por ejemplo, los valores de los bienes raíces están relacionados con variables fundamentales como las tasas de interés, las tendencias demográficas e incluso los cambios de la moda.

Los analistas de mercado adeptos a la Teoría del Análisis Fundamental son conocidos como "fundamentalistas". Se especializan por industria o sector —incluyendo al gobierno— y por instrumento de inversión, y analizan constantemente el valor de los distintos activos en busca de oportunidades de compra o de venta. Por lo general, los fundamentalistas elaboran extensos y complejos informes para sus clientes, en los cuales recomiendan un curso de acción para cada categoría de activos. Analizan en forma continua la economía, segmentos industriales específicos y empresas, así como también el comportamiento financiero de los gobiernos.

Para los "fundamentalistas", los mercados son un 90% lógicos y un 10% psicológicos. Es una impresión generalizada que, en Wall Street, el 90% de los jugadores son fundamentalistas. El exitoso y legendario inversor Warren Buffet es conocido como uno de los fundamentalistas más famosos del mercado.

¿Da resultado en la práctica?

La mejor manera de ilustrar la Teoría del Análisis Fundamental es utilizar como ejemplo las acciones. De manera bastante lógica, la teoría sostiene que el valor de una acción se basa en el flujo de ganancias que la empresa será capaz de distribuir en el futuro en forma de dividendos. Más precisamente, el valor intrínseco actual de una acción debería estar fuertemente relacionado con el flujo de dividendos futuros esperado. Cuanto mayor sea el crecimiento esperado del flujo de dividendos, mayor será el valor de la acción.

El problema de la teoría es que depende de la precisión en el pronóstico de acontecimientos futuros, por ejemplo el comportamiento futuro de la economía, el crecimiento futuro de las ganancias de la empresa y los dividendos, los niveles de las tasas de interés, las necesidades de investigación y desarrollo e incluso los acontecimientos políticos. Cualquiera que haya participado en pronosticar las ganancias de una empresa, ya sea pequeña o grande, sabe lo fácil que es cometer errores graves en las proyecciones. Esto se debe a que las ganancias de las empresas dependen no sólo de factores competitivos controlados por las empresas, sino también del comportamiento global de la economía, el cual es difícil de predecir con certeza.

Si el crecimiento de los dividendos y de las ganancias de una empresa es intrínsecamente difícil de estimar incluso para quienes poseen información privilegiada *(insiders)*, por ejemplo los propios empleados, la tarea resulta aún más difícil para los analistas del mercado con diferentes percepciones sobre el futuro y, a veces, con información contable escasa o engañosa ("creativa").

La misma línea de razonamiento se aplica al caso de los bonos, de los *commodities* y de cualquier otra clase de activos: su valor intrínseco depende de la difícil tarea de predecir con exactitud la evolución futura de variables tales como la inflación, el crecimiento del PBI, los déficit presupuestarios y demás.

Otro aspecto de la teoría que cabe tener en cuenta es la propia capacidad de los analistas del mercado y los inversores. El problema reside en que es tan buena la investigación en materia de inversiones —y llevada a cabo por tantos individuos— que ningún grupo particular de inversores tiene posibilidad de obtener regularmente una ventaja sobre todo el resto. Dicho de otro modo, dado que los inversores profesionales que compiten son compradores y vendedores bien informados, es muy poco probable que un inversor cualquiera pueda obtener regularmente mayores ganancias para su cartera de inversión mediante el análisis fundamental.

Resumen

A pesar de todas estas limitaciones, está universalmente aceptado que los factores fundamentales ejercen una profunda influencia sobre los precios del mercado. Los mercados se mueven según una lógica basada en los fundamentales, sobre todo a largo plazo.

De acuerdo con Burton G. Malkiel, los precios de los títulos están "anclados" a ciertas variables fundamentales, pero todo el tiempo esa ancla se recoge y se vuelve a arrojar en un lugar diferente, según el estado psicológico del mercado: "no hay precio demasiado elevado para un mercado en alza ni demasiado bajo para un mercado en baja". La existencia de principios generalmente aceptados de valuación de activos sirve como una suerte de rueda de equilibrio, que, periódicamente, acerca los valores a sus niveles fundamentales.

CAPÍTULO 11

Teorías de valuación de activos
Teoría de los Castillos en el Aire

Olvide el análisis técnico. No se puede saber cómo se comportará una acción durante el próximo mes o año tomando como referencia su desempeño durante el último mes o año.

JOHN TRAIN

La teoría

La Teoría de Valuación de Activos de los Castillos en el Aire se centra en los principios psicológicos que rigen a las masas. Para sus adeptos no existe tal cosa como el "valor intrínseco" de un activo. Un activo vale lo que, en un momento dado y por cualquier motivo, las masas (el mercado) están dispuestas a pagar por él. Ante un período de optimismo generalizado en la economía, los inversores tienden a creer que durará para siempre y ofertan precios cada vez más altos por los activos, creando un **mercado en alza** *(bull market).* Ésta es la manera en que se originan las burbujas de mercado *(market bubbles)*, como la reciente burbuja de las empresas de Internet. También sucede lo contrario: en momentos de pesimismo, los inversores también piensan que durará para siempre y venden sus activos, dando lugar a un **mercado en baja** *(bear market).*

De acuerdo con la Teoría de los Castillos en el Aire, los inversores no deberían perder el tiempo analizando proyecciones complejas, sino que deberían prever el probable comportamiento futuro del público en general con respecto a la valuación de activos. El valor "real" de un activo no es relevante: solamente importa la percepción que tiene el mercado sobre el valor de ese activo. En otras palabras, el activo vale un determinado precio para un inversor porque él espera vendérselo a otro a un precio aún mayor. Como el valor de un activo está dado por lo que otra persona estará dispuesta a pagar por él, el valor intrínseco de dicho activo no influye en la transacción.

Según esta teoría, el inversor exitoso es aquel capaz de anticipar, en relación con el público en general, los cambios que afectarán la valuación de los activos, y actuar conforme a dicha percepción (comprando o vendiendo).

El análisis técnico es el método que consiste en predecir el momento apropiado para comprar y vender títulos, y lo utilizan aquellos profesionales que creen en la Teoría de los Castillos en el Aire. El análisis técnico estudia los patrones históricos de los diferentes precios de activos empleando gráficos, por ello se conoce como *chartists* o dibujantes de gráficos a quienes adoptan esta práctica. Estos analistas técnicos analizan los patrones de los precios en el pasado para intentar adivinar las futuras tendencias del mercado, y así anticipar el comportamiento del público.

Los analistas técnicos están en permanente búsqueda de señales que les permitan anticipar los movimientos del mercado, de manera que los ayuden a decidir cuándo comprar y vender títulos obteniendo una ganancia. Rastrean los precios de los títulos diariamente, empleando sofisticadas técnicas estadísticas —como los promedios móviles— en busca de patrones y tendencias que les resulten familiares y repetitivas, que puedan ofrecer oportunidades de obtener una ganancia. Los inversores profesionales que emplean el análisis técnico creen que los mercados son más psicológicos que lógicos y, en su búsqueda de beneficios, tienden a realizar operaciones de títulos con suma frecuencia.

El famoso economista inglés John M. Keynes fue uno de los primeros en adherir a la Teoría de los Castillos en el Aire.

¿Da resultado en la práctica?

El problema del análisis técnico es que cada inversor y administrador financiero profesional inteligente que hay sobre la Tierra observa los mismos gráficos. Si las reglas técnicas indican que el precio de un título determinado debería subir mañana, uno puede estar seguro de que subirá hoy. Si un técnico encuentra un patrón confiable en los precios de un activo dado, una vez que dicha regularidad es conocida por los demás jugadores del mercado, ellos reaccionarán —cada día con mayor velocidad— de manera tal que impedirán que ese patrón se dé en el futuro.

Por otro lado, es bien sabido que los operadores *(traders)* tienden a anticipar las señales técnicas o del mercado. Ello significa que, si observan que un precio está a punto de traspasar lo que los técnicos denominan el nivel de **resistencia** —un precio que el título no pudo quebrar en el pasado—, tienden a comprar antes, no después, de que lo traspase. Para obtener ganancias, por lo tanto, uno debe prever las señales técnicas con mayor anticipación aún. Y así sucesivamente: una carrera con pocos ganadores.

Resumen

El análisis técnico se relaciona con la observación de los datos sobre los precios de los títulos y los volúmenes negociados en el pasado. Se sustenta en el uso de gráficos que exhiben los patrones o las señales que los analistas creen que posiblemente traerán aparejadas oportunidades de realizar operaciones que les permitan obtener ganancias.

Por lo general, los analistas técnicos son operadores *(traders)* que compran y venden títulos constantemente para sacar ventaja de las fluctuaciones del mercado, no inversores a largo plazo.

CAPÍTULO 12

Teorías de valuación de activos
Nueva Tecnología de Inversión

Las teorías que están en lo cierto sólo el 50 por ciento de las veces son menos económicas que arrojar una moneda a cara o ceca.

GEORGE J. STIGLER, *The Theory of Price*

La teoría

Las dos teorías para la valuación de activos empleadas por los profesionales del mercado —la Teoría del Análisis Fundamental y la Teoría de los Castillos en el Aire— nos dicen mucho sobre el valor de los títulos. No obstante, los académicos sospecharon que no podía confiarse en que éstas proporcionaran ganancias extraordinarias más allá del promedio que ofrecen los mercados sin esfuerzo.

Durante la década de 1970, economistas y estadísticos desarrollaron una nueva teoría para la valuación de activos, denominada Nueva Tecnología de Inversión *(New Investment Technology)*, cuyo uso está muy difundido en Wall Street y en otros mercados desarrollados. Si bien el marco matemático y estadístico de esta teoría es muy complejo, su base conceptual es bastante simple.

Definición del riesgo

La definición del riesgo de inversión es un asunto muy engañoso. No todos los economistas ni jugadores del mercado están de acuerdo en una definición precisa. En general, el riesgo de inversión es la posibilidad de que el retorno esperado de un activo no se materialice en el futuro. Dicho de otra manera, es el riesgo de quedar decepcionado.

Cuando un inversor compra letras del Tesoro de los Estados Unidos a seis meses con un rendimiento del 1,5% y las mantiene hasta su vencimiento, está absolutamente seguro de que ganará un 1,5% al final del período. Puesto que el riesgo es tan pequeño, este tipo de inversión se denomina "libre de riesgo" *(risk free asset)*. Un certificado de depósito a corto plazo emitido por un banco sólido es otro ejemplo de una inversión libre de riesgo.

Por el contrario, cuando el inversor mantiene en cartera acciones ordinarias y espera recibir un pago de dividendos del 5% a fin de año, el riesgo es mucho mayor; puede ser que reciba menores dividendos, o incluso ninguno y, aún peor, el precio de la acción puede fluctuar en forma amplia.

Entonces, el riesgo de inversión se mide por las fluctuaciones en los retornos, llamadas **varianza**, o grado en que varían las tasas de retorno de un activo. Cuanto mayor es la variación diaria o mensual de la tasa de retorno, mayor es la varianza del activo. Este fenómeno también es conocido como **volatilidad**. Cuanto mayor sea la volatilidad de un activo, mayor será la incertidumbre del inversor respecto del retorno que obtendrá de un período al siguiente; y mayor incertidumbre genera mayor riesgo de inversión.

Por otro lado, como los mercados son bastante eficientes e incorporan muy bien las informaciones nuevas de forma que nadie puede predecir su futura dirección de manera sistemática, la única forma de ganarle al mercado es asumir más riesgo. Como se verá más adelante, de acuerdo con la **Teoría Moderna de Carteras** *(Modern Portfolio Theory, MPT)*, los inversores pueden reducir los riesgos e incrementar los retornos si asumen sólo un determinado tipo de riesgo.

Es importante recordar al lector que, en los ejemplos sobre inversiones libres de riesgo mencionados, si bien el inversor no está expuesto a la volatilidad del mercado, sí lo está al impacto negativo de la inflación (véase el capítulo 8, "Riesgo, retorno e inflación"). En otras palabras, la inversión en letras del Tesoro o certificados de depósito generará una tasa de retorno nominal libre de riesgo. No obstante, el inversor continuará expuesto al riesgo de inflación.

Teoría Moderna de Carteras *(Modern Portfolio Theory, MPT)*

La Teoría Moderna de Carteras de inversión, desarrollada en la década de 1950 por Harry Markowitz, ganador del Premio Nobel, explica a los inversores cómo combinar títulos para obtener el retorno máximo consistente con el nivel de riesgo que están dispuestos a asumir. La teoría también brinda una explicación matemática completa de la vieja y demostrada práctica de reducción del riesgo mediante la diversificación de activos de la cartera.

Correlación. En general, correlación es el grado en que una cosa está relacionada o asociada con otra. Por ejemplo, aunque General Motors y Ford son dos empresas distintas con diferentes estrategias de negocios, de alguna manera su suerte está atada a la del mercado automotor. Por ello, sus acciones tenderán a moverse en la misma dirección, aunque el porcentaje de sus variaciones no será necesariamente igual.

La Teoría Moderna de Carteras de inversión explica cómo combinar títulos volátiles (riesgosos) para que la cartera de inversiones resultante tenga un riesgo menor que los riesgos de los distintos títulos individuales que la componen. Pero, para lograr que la diversificación efectivamente logre los efectos esperados de reducción del riesgo, las condiciones políticas y económicas del entorno deben afectar de manera diferente a los distintos títulos que integran la cartera.

En otras palabras, los títulos de una cartera deben tener una correlación baja entre sí; sus retornos tienen que comportarse de modo distinto frente a una determinada condición del mercado. De esta forma, los retornos negativos o pobres de algunos activos serán contrarrestados por los retornos positivos de otros activos.

La diversificación de la cartera de inversiones reduce la volatilidad —el grado de inestabilidad de los retornos, que se considera una medida del nivel de riesgo— siempre que los retornos de los títulos que conforman la cartera de inversiones no estén perfectamente correlacionados.

Diversificación de activos. El comportamiento de los activos de inversión no correlacionados descripto en la primera parte "Mercados de inversión", capítulo 3 "Los mercados y la economía", muestra que, en ciertos escenarios económicos y políticos, algunos activos de inversión mejoran su rendimiento, mientras otros pueden tener un resultado negativo o no ser afectados en absoluto.

Harry Markowitz demostró que incluso el agregado en la cartera de inversiones de un activo con una correlación positiva pero que no llegue a ser perfecta, podría reducir el riesgo. En otras palabras, no es necesario que los títulos de una cartera estén "perfectamente no correlacionados" para reducir el riesgo. Si uno pudiera encontrar activos perfectamente no correlacionados —negativamente correlacionados, en la jerga matemática—, la diversificación eliminaría el riesgo por completo.

La esencia de la composición de una cartera de inversiones efectiva, o sea que permita lograr el resultado deseado, es el uso de un número de activos con una baja correlación; es decir, activos cuyos retornos no están altamente correlacionados. En tal situación, si un mercado o instrumento de activo se mueve en la dirección equivocada, las pérdidas resultantes se compensarán con los retornos positivos de otros mercados o instrumentos.

Por ejemplo, una cartera compuesta de acciones de IBM y Hewlett Packard está altamente correlacionada —positivamente correlacionada, en la jerga matemática— dado que ambas empresas pertenecen al sector de la tecnología de la información, y sus acciones, entonces, tenderán a subir y bajar a un ritmo relativamente similar. Por otro lado, una cartera compuesta por acciones de Ford y Shell tendrá una menor correlación o, incluso, una correlación negativa, ya que el alza en el precio del combustible, que perjudica a Ford, beneficiará a Shell, y viceversa.

En el mundo real, ¿dónde puede el inversor encontrar activos con una baja correlación? En términos prácticos, los activos con baja correlación son las acciones y bonos de los Estados Unidos y Europa, los títulos de mercados emergentes, las acciones de empresas de bienes raíces, los metales preciosos y el efectivo. Estas categorías de activos suelen reaccionar de manera diferente en las distintas circunstancias políticas y económicas y en las más diferentes condiciones de mercado.

Pero siempre cabe una advertencia o, en realidad, dos. En primer lugar, el proceso de diversificación recién descripto tiene un límite. El límite se ubica en el punto en que la diversificación deja de ser eficiente en reducir el riesgo al tiempo que aumenta o mantiene constantes los retornos. Algunos economistas teóricos denominan este fenómeno como diversificación ingenua *(naive diversification)* o sobrediversificación *(over-diversification)*, que implica seleccionar muchas acciones diferentes de una amplia gama de industrias, así como todo tipo de bonos corporativos y de gobiernos. Es decir, la diversificación ingenua sólo se concentra en la reducción del riesgo y no presta atención a los retornos, por ello puede dar como resultado una cartera de inversiones sin retornos positivos.

En cambio, la diversificación eficiente no sólo está interesada en la reducción del riesgo, sino también por la preservación u optimización del retorno de la cartera. Es superior a la diversificación ingenua porque establece, primero, la tasa de retorno que desea obtener el inversor y selecciona, luego, los activos que le permitirán obtener dicha tasa. Teniendo presente que para obtener mayores retornos es necesario asumir mayor riesgo, la diversificación eficiente tiene el objetivo de facilitar al inversor la selección de activos que reducirán todo lo posible el riesgo pero siempre tomando como dada la tasa de retorno que se desea obtener. Como se verá más adelante, la diversificación eficiente también tiene un límite que, en este caso, lo fija la capacidad financiera y la tolerancia al riesgo del inversor.

La segunda advertencia se relaciona con la globalización de los mercados financieros. Hasta cierto punto, ésta ha reducido los beneficios de la diversificación. Asimismo, la reducción del riesgo, producto de la diversificación, a menudo se pierde en mercados fuertemente en baja, salvo que en la cartera existan activos con correlación muy baja o negativa, caso en que uno de los activos sube cuando todo el mercado está en baja.

Sin embargo, dado que el desempeño de una empresa no siempre es igual al de las demás, incluso una cartera bien diversificada, compuesta sólo de acciones ordinarias, será menos riesgosa que una cartera de una o dos acciones. Además, aun en una economía mundial bien integrada, los acontecimientos políticos y económicos suelen afectar los mercados y los países de maneras distintas. Por ejemplo, la crisis petrolera de la década de 1970 tuvo un mayor efecto negativo sobre Japón y la parte de Europa pobre en petróleo que sobre los Estados Unidos.

Nadie niega hoy los enormes beneficios de una cartera bien diversificada pero, debido a la globalización y a la psicología de las masas, ésta tampoco garantiza nada. La diversificación reduce una parte, pero no todo el riesgo.

El riesgo y la nueva teoría

William Sharpe y un grupo de economistas académicos concentraron sus investigaciones en determinar qué parte del riesgo de un activo podría eliminarse mediante la diversificación y cuál no. De estos estudios, surgió el Modelo de Valuación de Activos Financieros *(Capital Asset Pricing Model, CAPM)*, que llevó a que el investigador obtuviera el Premio Nobel junto con Harry Markowitz, en 1990.

El concepto en el que se basa esta teoría es que los mercados no compensan a los inversores por asumir riesgos que pueden ser eliminados o reducidos mediante la diversificación. Según esta teoría, para obtener retornos de cartera por encima del promedio a largo plazo, se debe asumir el tipo de riesgo que no puede eliminarse o reducirse mediante la diversificación.

Beta y riesgo sistemático *(Systematic risk)*. El riesgo total —varianza, volatilidad o desvío estándar de los retornos de un activo o un título— puede entenderse como la suma de dos tipos de riesgo diferentes: el riesgo sistemático y el riesgo no sistemático.

El riesgo sistemático o riesgo de mercado captura la reacción de los distintos activos individuales o carteras ante las variaciones generales del mercado. Este riesgo surge porque los precios de los activos o títulos en cierta medida suelen fluctuar con el mercado. Este riesgo está arraigado en el sistema y existe porque los cambios en la actividad política y económica y en el nivel de las tasas de interés afectan a todos los activos o títulos, ya sea directa o indirectamente.

Por ejemplo, las acciones fluctúan con el mercado de acciones y los bonos ante los cambios de las expectativas económicas generales. Sin embargo, algunas acciones y algunos bonos fluctúan más o menos que lo que lo hacen sus respectivos mercados. Esta volatilidad relativa a las fluctuaciones del mercado se conoce como Beta, y representa la comparación entre las variaciones de los activos individuales y las fluctuaciones generales de sus respectivos mercados. Beta es la descripción numérica del riesgo sistemático.

En el cálculo de Beta se asigna el valor 1 a un índice general que representa el mercado, por ejemplo el S&P 500 de la Bolsa de Nueva York en el caso de las acciones. Los títulos con Beta menor a 1 tienden a ser más estables (menos volátiles) que el mercado, y viceversa. En otras palabras, los retornos de un título agresivo o volátil (con Beta mayor a 1) suelen tener fluctuaciones mayores que las de los retornos del mercado correspondiente, estos últimos medidos, por ejemplo, por el S&P 500.

A título de ejemplo, cuando el retorno del mercado sube un 5%, un título volátil, en promedio, subirá más del 5%. Por el contrario, el retorno de un título defensivo o menos volátil (con Beta menor a 1) subirá menos del 5%. Si el valor de Beta para un determinado título equivale a 1, subirá un promedio del 5% al igual que el mercado. Beta, entonces, es el indicador del riesgo sistemático o de mercado, y su valor para cada título puede obtenerse en Internet o en otras publicaciones.

Si bien la descripción del riesgo sistemático y de Beta se ha centrado principalmente en el valor de Beta de las acciones, también existe para los bonos y otros tipos de activos. En general, los valores de Beta de los bonos son menores que los de las acciones, en parte debido a que se realizan más operaciones con acciones que con bonos, lo cual puede incrementar los valores de Beta de las acciones.

El concepto importante de la teoría es que el riesgo sistemático o de mercado no puede ser eliminado por la diversificación porque los títulos, dentro de ciertos límites, tienden a moverse de manera conjunta. Por este motivo, ni siquiera una cartera bien diversificada es una garantía. De hecho, un inversor puede comprar acciones de una cartera perfectamente diversificada, como el índice S&P —que incluye una representación de todas las acciones principales de la Bolsa de Nueva York, NYSE— con un valor de Beta equivalente a 1, y aun así, su cartera tiene riesgo porque el mercado fluctúa en forma continua.

Riesgo no sistemático *(Unsystematic risk)*. Por otro lado, el riesgo no sistemático refleja la variabilidad en los precios de los títulos generada por factores propios de los distintos emisores o de los segmentos industriales del mercado. Las novedades sobre una empresa pueden provocar que sus acciones se muevan con independencia del mercado general. Asimismo, los cambios en las expectativas inflacionarias o sobre las tasas de interés pueden llevar a que ciertos bonos tengan un comportamiento muy distinto al del mercado de bonos en su conjunto. Una diversificación adecuada puede reducir o eliminar el riesgo no sistemático. Este riesgo es representativo de acontecimientos particulares de un título, empresa o segmento del mercado específico.

Algunos ejemplos de este tipo de riesgo son los escándalos contables como el de Enron, las adversidades climáticas, los grandes accidentes en plantas manufactureras, los juicios de consumidores afectados, los problemas sindicales o una fuerte caída en las ventas. Estos acontecimientos sólo afectan al emisor de un título específico.

El riesgo que no puede evitarse es aquel inherente a todo el mercado, o sea el riesgo sistemático que afecta todas las inversiones. Si se está dispuesto a asumir un mayor riesgo sistemático, mediante la selección de títulos de mayor riesgo sistemático que el mercado (Beta mayor a 1) es posible aumentar el retorno de la cartera. Del mismo modo, los retornos de la cartera y el riesgo sistemático pueden reducirse si se mantiene parte de la cartera en inversiones libres de riesgo (Beta equivalente a 0); por ejemplo, en dinero. Pero el riesgo sistemático no puede eliminarse: debe administrarse.

Es importante señalar que los conceptos de riesgo sistemático y no sistemático no se aplican sólo a los títulos financieros, sino también a otros mercados, como por ejemplo el de bienes raíces.

Modelo de Valuación de Activos Financieros *(Capital Asset Pricing Model, CAPM)*

Desde hace décadas, tanto los economistas académicos como los administradores financieros saben que los inversores son recompensados por asumir mayores riesgos. El cambio sutil introducido por el **Modelo de Valuación de Ac-**

tivos Financieros *(Capital Asset Pricing Model, CAPM)* es que no todos los riesgos merecen una recompensa. Antes del desarrollo del CAPM, se pensaba que el retorno de un activo de inversión estaba relacionado con el riesgo total inherente a éste. El aporte de la nueva teoría es la afirmación de que el riesgo total de cada activo específico es irrelevante. El componente sistemático o de mercado es el único que permitirá obtener mayores retornos.

En otras palabras, el CAPM postula que no se recibe una prima por realizar una inversión cuyos riesgos pueden ser reducidos o eliminados mediante la diversificación; y dado que Beta es el indicador del riesgo sistemático —el único riesgo que no puede eliminarse mediante la diversificación—, los retornos y, por consiguiente, las primas de riesgo de todo activo o cartera están relacionados con Beta. Por lo tanto, a medida que aumenta el valor de Beta de un activo o cartera de activos, también lo hace su retorno esperado. Un activo con un Beta igual a 0 generará una tasa de retorno modesta, conocida como "libre de riesgo"; y una cartera o un activo con un Beta equivalente a 1 —por ejemplo, del índice S&P— proporcionará un retorno igual al del mercado como un todo.

En síntesis, de acuerdo con la teoría, el inversor puede obtener distintos retornos esperados de su cartera mediante la modificación del Beta de la misma. El inversor no necesita asumir el componente no sistemático del riesgo; o sea el inherente a activos específicos, ya que puede eliminarlo o disminuirlo mediante la diversificación de activos. Más adelante se verá que la gran ventaja de los **fondos índice** —una cartera que imita al mercado en su totalidad— es que proporcionan una forma conveniente y económica de inversión en activos o títulos, donde se reducen o eliminan los riesgos no sistemáticos mediante la diversificación.

Modelo de Valuación de Activos Financieros: ¿logra los resultados deseados?

Muchos administradores financieros profesionales han adoptado los preceptos del CAPM en sus prácticas de inversión. El cálculo de los valores de Beta requiere del uso de sofisticados sistemas informáticos y enormes bases de datos.

Pero ¿es Beta una medida significativa y práctica del nivel de riesgo? El CAPM sugiere que cuanto mayor sea el valor de Beta de un determinado activo o cartera de activos, mayores serán sus retornos a largo plazo. Esta afirmación es tema de debate continuo entre los académicos y los administradores financieros profesionales.

Durante la década de 1990, Eugene Fama y Kenneth French estudiaron la relación entre acciones norteamericanas y sus respectivos valores de Beta para el período comprendido entre 1963 y 1990. Burton G. Malkiel realizó un trabajo similar sobre los fondos comunes de inversión norteamericanos para el período que va de 1981 a 1991. También se realizaron trabajos semejantes para otros períodos. Parecería que no existe relación entre los retornos de las carteras y su nivel de riesgo, medido éste por el valor de Beta; al menos, no con la forma en que se mide Beta.

Resumen

Existen dos tipos de riesgos financieros. El riesgo sistemático o de mercado, que representa el riesgo que afecta a todos los títulos o activos y que no puede diversificarse; y, por otro lado, el riesgo no sistemático, que puede reducirse o eliminarse mediante la diversificación y que cubre sólo los acontecimientos particulares de una empresa o un emisor de títulos determinado, o cualquier otro activo específico. Beta es el indicador utilizado para medir el riesgo sistemático.

Pero se debe tener en consideración que es muy difícil de determinar Beta con precisión, y que el índice S&P no es el mercado entero. Literalmente, existen miles de acciones, tanto en los Estados Unidos como en el resto del mundo, y muchos otros activos, como bonos, metales preciosos, bienes raíces, etcétera. Pueden obtenerse diferentes valores de Beta según la definición de mercado que se tome. Existe cierta evidencia que indica que cuando se emplea una definición amplia del mercado, durante largos períodos de tiempo, los retornos están correlacionados positivamente con los valores de Beta, como lo sugiere la teoría del CAPM.

Más aún, los elementos de riesgo sistemático que afectan los títulos pueden ser demasiado complejos para ser capturados por un solo indicador de riesgo como Beta. Por ejemplo, las variaciones en el producto bruto interno (PBI), las tasas de interés y el nivel de inflación pueden tener un efecto sistemático profundo y diferente sobre determinadas acciones y bonos. Todas estas variables económicas tienen relaciones sistemáticas con los retornos de los títulos y de otros activos, y es posible que Beta como medida de riesgo no los refleje en forma adecuada.

En suma, es interesante leer lo que Burton G. Malkiel opina sobre Beta: "Si hubiera que escoger un único estimador de riesgo como el mejor, es poco probable que todos eligieran, en primer lugar, el tradicional Beta como el mejor indicador. Aún estamos lejos de saber cuál sería el perfecto indicador de riesgo".

Teorías de valuación de activos
Comentarios finales

El problema de intentar ganarle al mercado es que los inversores profesionales son tan talentosos, numerosos y dedicados a su trabajo que, como grupo, hacen que sea muy difícil para cualquiera de ellos en forma individual tener un desempeño significativamente superior al resto, sobre todo a largo plazo.

CHARLES D. ELLIS,
Investment Policy: How to Win the Loser's Game

No se necesita ser un administrador financiero experto —ni un académico brillante— para darse cuenta de que las valuaciones de mercado de los activos de inversión están muy relacionadas con factores racionales y psicológicos. En otras palabras, las ganancias y dividendos de las empresas seguramente influyen sobre los precios de las acciones, pero también lo hace el humor de los inversores. Los niveles de las tasas de interés impactan sobre los precios de bonos y bienes raíces, pero también lo hacen los pronósticos —o mejor dicho adivinanzas— de los inversores respecto del comportamiento futuro de la economía.

El análisis técnico afirma que pueden obtenerse beneficios sustanciales analizando las tendencias y los patrones de precios históricos y los datos de volúmenes negociados de títulos, y que ciertas herramientas técnicas, tales como los promedios móviles y otros, pueden ayudar al inversor a desarrollar buenas estrategias de compra y venta de activos. La teoría de los mercados eficientes —véase el capítulo 4: "Mercados eficientes: un paseo aleatorio"— sostiene que el análisis técnico es básicamente inservible y que es mejor invertir en una cartera bien diversificada que incluya distintas clases de activos.

Por otra parte, el análisis fundamental sostiene que pueden encontrarse oportunidades para obtener beneficios observando variables macro como el comportamiento de la economía y la posición económico-financiera específica de los emisores de los títulos (ventas, ganancias, efectivo, deuda y situación fiscal, en el caso de los gobiernos). La teoría de los mercados eficientes, en cambio, afirma que dicha información ya está incorporada en los precios de los títulos, por lo que, de este modo, los inversores no encontrarán ganancias incrementales de este modo. Las consecuencias son similares a las del análisis técnico: es mejor para los inversores armar una cartera bien diversificada con distintas clases de activos o invertir en fondos índice, y no rotar (comprar y vender) en exceso los activos de la cartera.

La razón de este aparente fracaso de las teorías de valuación de activos es la "eficiencia" de los mercados de las economías desarrolladas. Tan pronto como se da a conocer una nueva información acerca de un título, o cualquier otro activo de inversión, ésta se refleja en su precio. Cuando dicha información se divulga, ya se halla reflejada o "descontada" en el precio del título. Por ello, cuando una empresa informa mayores ganancias, sus acciones pueden subir, pero también pueden caer o incluso mantenerse constantes. Dependerá de si dichas ganancias son mayores o menores que las esperadas por el mercado. El precio de la acción aumentará sólo si las ganancias anunciadas superan las esperadas. Por lo tanto, los inversores no sólo tienen que vaticinar cuál será la ganancia futura, sino también deducir cómo se relaciona ésta con las ganancias esperadas por otros inversores.

Si bien hay muchas instancias en las que la teoría de los mercados eficientes parece cumplirse sin problemas, y algunas otras en que esto no es así, el consenso general es que ni las teorías técnicas ni las fundamentales permiten obtener de manera sistemática ganancias incrementales a largo plazo. En general, hay consenso en que el inversor debe asumir un mayor riesgo o volatilidad a fin de captar retornos más elevados a largo plazo.

Beta, la medida de riesgo del Modelo de Valuación de Activos Financieros *(Capital Asset Pricing Model, CAPM),* no ha salido airosa del escrutinio de los académicos. De acuerdo con una serie de estudios, la relación entre Beta y la tasa de retorno pronosticada por la teoría no se ha evidenciado. Además de las fluctuaciones generales del mercado, una variedad de otros factores tales como los cambios en el PBI, en las tasas de interés y en los niveles de inflación, así como también en un sinfín de situaciones económicas, políticas y de comercio exterior, influyen sobre las valuaciones (precios) de mercado. Es difícil que se encuentre un único indicador que incorpore todos los elementos de riesgo sistemático que afectan a los activos y a las carteras de inversión.

No obstante, la teoría de la Nueva Tecnología de Inversión ha dado un importante respaldo teórico a la antigua práctica de diversificación de activos para contener e incluso reducir el riesgo mediante la conformación de una cartera con activos que tengan una baja correlación.

En otras palabras, aunque ni el análisis técnico ni el análisis fundamental sirven realmente para ayudar a los inversores a lograr sistemáticamente un desempeño superior al de un índice de mercado amplio —lo que suele conocerse como "ganarle al mercado"—, entonces, a menos que el inversor sea un operador profesional *(trader)*, la estrategia de inversión activa —en la cual los inversores constantemente intentan anticiparse a los movimientos del mercado, seleccionar títulos individuales y, por lo tanto, rotar y al hacerlo pagar excesivos gastos de transacción y comisiones— puede resultar una pérdida de tiempo y de dinero.

PARTE 4

Las mejores prácticas de inversión

Las mejores prácticas de inversión

Como ya adelantamos, la inversión no es una ciencia exacta, sino que es más parecida a un arte. Al igual que el arte, o la administración de empresas, requiere del aprendizaje de algunos conceptos y técnicas, y de mucho esfuerzo. Un inversor, al igual que un artista o un administrador, debe aprender los conceptos y prácticas básicas que han demostrado ser eficaces a lo largo de los años. Para adquirir experiencia en materia de inversiones —la aplicación continua de los conceptos y las mejores prácticas— el inversor debe atravesar un proceso de aprendizaje a partir de sus propios errores y logros.

En este libro llamaremos "mejor práctica" *(best practice)* a una regla que ha sido probada a lo largo del tiempo. Las diez "mejores prácticas" que presentaremos son una síntesis de las reglas de inversión que mayor consenso han obtenido de parte de los inversores y la comunidad académica.

En el mundo de las inversiones no existen reglas mágicas ni tampoco un camino rápido hacia la riqueza. Sin embargo, estas sencillas "mejores prácticas" son todo lo que un inversor necesita saber para alcanzar sus objetivos de inversión de largo plazo.

Finalmente, cabe un comentario respecto de la secuencia en que se presentarán las "mejores prácticas" de inversión: aparecen ordenadas en forma cronológica y racional, a modo de un proceso "paso a paso" que el inversor puede seguir fácilmente. Por ejemplo, la "Mejor práctica Nº 1: Ahorrar dinero" es un requisito previo antes de continuar con cualquiera de las demás; la "Mejor práctica Nº 3: Equilibrar riesgo, edad y personalidad" es condición previa para que el inversor pueda asignar fondos a diferentes categorías o clases de activos, lo cual es tema de la "Mejor práctica Nº 4: Diversificar los activos", y así sucesivamente.

MEJOR PRÁCTICA Nº 1

Ahorrar dinero

No hay dignidad tan admirable, ni independencia tan importante, como vivir con los propios recursos.

CALVIN COOLIDGE

Con excepción de quienes hayan heredado una gran suma de dinero o ganado la lotería nacional, la mayoría de las personas necesita ahorrar antes de estar en condiciones de entrar en el juego de la inversión. Puede parecer demasiado evidente, pero el ganar y ahorrar dinero constituye un requisito previo para poder sostener un buen estándar de vida y planificar un retiro decente. Cuanto antes se empieza a ahorrar dinero, mayores son las probabilidades de alcanzar ambas metas.

Con todo, es importante tener presente que, en los Estados Unidos o en cualquier otro país con sistemas de jubilación similares, desde el punto de vista conceptual uno se convierte automáticamente en inversor desde el momento en que comienza a depositar dinero en cualquier plan de pensiones *(pension plan)* o en una cuenta individual de jubilación *(Investment Retirement Account, IRA)*.

El poder del interés compuesto

El poder del interés compuesto muestra la importancia de comenzar a ahorrar dinero desde joven y resulta útil a millones de jóvenes a quienes les gustaría convertirse en inversores.

"No sé cuáles son las Siete Maravillas del Mundo, pero conozco la octava: el interés compuesto", dijo una vez el Barón de Rothschild. Y Albert Einstein se refirió al interés compuesto como "uno de los hallazgos matemáticos más fascinantes de todos los tiempos".

El interés compuesto —o ingreso compuesto, si la inversión genera ingresos de otro tipo— es la obtención de un retorno no sólo sobre la inversión original sino también sobre el interés (o ingreso) acumulado, si éste se reinvierte. He aquí un ejemplo que servirá para clarificar esta definición.

Supongamos que un inversor suscribe un certificado de depósito de un banco por una suma de US$1.000, que vence dentro de un año y devenga un interés del 10% anual. Transcurrido un año, el banco le abonará US$1.100, es decir, los US$1.000 originales más US$100 ganados en concepto de interés. Si el inversor reinvierte todo el monto en un nuevo certificado de depósito a un año, el interés obtenido durante el segundo año será de US$110 en lugar de US$100. Al término del segundo año el inversor tendrá US$1.210 en lugar de US$1.200. Si continúa reinvirtiendo el interés obtenido sobre el certificado de depósito original, en el transcurso de diez años el inversor habrá ganado aproximadamente US$2.600, US$600 más que si ganara solamente US$100 por año en concepto de interés.

¡Éste es el poder del interés compuesto!

Pero el interés compuesto sólo funciona con el transcurso del tiempo. Es un proceso poderoso pero muy lento, que requiere sacrificar consumo en pos del ahorro.

Además, el interés compuesto puede ser tanto un amigo como un enemigo, porque trabaja en ambos sentidos. Puede ser una pesadilla para quienes viven gastando más de lo que generan y se ven obligados a pagar interés compuesto por préstamos para el consumo, generalmente por el uso indiscriminado de tarjetas de crédito.

Hogar, dulce hogar

Para la mayoría de las personas, el modo natural de comenzar a ahorrar es invertir en la vivienda propia. Como todos debemos vivir en algún lugar, comprar una casa o un departamento es una excelente manera de obligarse a ahorrar, aparte de la enorme satisfacción que se obtiene de tal adquisición. Pero existen otras buenas razones para comprar una vivienda.

Si bien —debido a las ineficiencias inherentes al mercado de bienes raíces— es algo muy difícil de calcular, parecería que los retornos a largo plazo de los inmuebles residenciales han sido muy buenos. Numerosos estudios que abarcan largos períodos en distintos países del mundo demuestran que los bienes raíces generan retornos razonables y protegen contra la inflación.

Una ventaja más sustancial que tiene la compra frente al alquiler de una vivienda está relacionada con la exención de impuestos. El alquiler no es deducible del impuesto sobre la renta *(income tax)*, pero los dos gastos relacionados con tener una vivienda propia —los intereses pagados sobre hipotecas y los impuestos inmobiliarios— son deducibles en los Estados Unidos y en muchos países.

No hay duda de que ahorrar para comprar una vivienda es la mejor estrategia inicial que un joven aspirante a inversor debería seguir para vivir con comodidad y planificar un retiro decente.

Algunos consejos

En la práctica existen innumerables maneras de ahorrar dinero, pero hay algunas que han demostrado ser más eficaces que otras. Los siguientes son algunos ejemplos de las prácticas de ahorro que parecen ser más populares:

- **Trabajo.** La riqueza comienza con el trabajo, que es la forma en que una persona se gana la vida día a día. A menos que el aspirante a inversor se dedique desde joven a trabajar con esmero —ya sea que tenga una empresa, una profesión o un empleo—, nunca tendrá la oportunidad de ahorrar dinero y disfrutar de la riqueza que la inversión puede proporcionarle.

- **Seguro.** Prácticamente todo el mundo necesita algún tipo de seguro. Para los individuos, los seguros de automóvil y de vivienda resultan esenciales. Todos estamos expuestos a los accidentes cada vez que salimos de casa, y un incendio o una inundación podrían destruir nuestros bienes. Toda familia necesita algún tipo de protección ante el fallecimiento o la discapacidad de la(s) persona(s) que provee(n) el sustento. Éstas son las principales razones por las cuales la gente está dispuesta a abonar una prima para protegerse de estos hechos desafortunados que puedan atentar directamente contra sus ahorros.

  Asimismo, en algunos países existen pólizas de seguro de vida con primas elevadas que, además de contar con algunas ventajas impositivas, combinan el seguro con una cuenta de inversión. Estas pólizas son excelentes para quienes carecen de disciplina para ahorrar en forma metódica.

Nadie está exento de un accidente o de una enfermedad grave. El seguro protege los ahorros del inversor.

- **Descuentos del salario.** Una de las mejores formas de ahorrar dinero en los Estados Unidos y en muchos otros países es acordar con los empleadores un descuento automático del salario. Con este plan se descuenta una suma del salario y se deposita en forma automática en un fondo de retiro, como la cuenta 401(k) que existe en los Estados Unidos. Así no sólo se induce a la gente a ahorrar en forma periódica sino que, como veremos más adelante, se generan ventajas impositivas.

- **Tarjeta de crédito.** Una de las formas más sencillas y sensatas de ahorrar dinero es cancelar el saldo de la tarjeta de crédito todos los meses. Generalmente, las tasas de interés que se cobran sobre los saldos de las tarjetas de crédito se hallan entre las más elevadas del mercado. Para mucha gente, después del interés sobre la hipoteca de su vivienda, los gastos por no pagar el saldo de la tarjeta de crédito a tiempo representan el mayor gasto mensual.

- **Planificación de la jubilación o retiro.** Con el notable incremento en la expectativa de vida, el riesgo más importante de las personas hoy no lo constituye la muerte prematura sino una vida demasiado larga en la que no alcancen los propios recursos. Esta preocupación lleva a la necesidad de planificar muy bien la jubilación para asegurarse de que los niveles de ahorro y la asignación de las inversiones actuales sean correctos.

- **Administración financiera.** Como sucede con cualquier otro proyecto importante, el ahorro de dinero es un desafío que requiere esfuerzo, disciplina y metodología. El presupuesto es una de las mejores herramientas que los inversores pueden utilizar para planificar y controlar sus gastos, pues induce a fijar metas y comparar los resultados con esas metas en forma periódica. Para mejorar las probabilidades de éxito, los inversores deberían hacer participar a todos los miembros de la familia en sus programas de ahorro.

Finalmente, cabe tener en cuenta un comentario sobre las personas acaudaladas: Thomas Stanley y William Danko escribieron un libro titulado *The Millionaire Next Door (El millonario de la casa de al lado)*. En un trabajo que cubre veinte años descubrieron que la mayoría de las personas que conducen automóviles caros y viven en casas suntuosas no son muy adineradas. Asimismo, muchas personas acaudaladas no viven en mansiones y no poseen automóviles de lujo. Tampoco heredaron una gran cantidad de dinero ni tuvieron mucha suerte con sus inversiones. Al parecer, la riqueza se logra trabajando mucho, ahorrando en forma periódica y evitando un estilo de vida que induzca a tomar préstamos y satisfacer niveles de consumo innecesarios.

MEJOR PRÁCTICA Nº 2

Supervisar a los expertos

Algunos asesores de inversiones extremadamente perspicaces pueden hacerlo invertir cuando los precios del mercado están en el piso. Algunos extremadamente perspicaces pueden hacerlo salir cuando están en la cima.
Nunca son las mismas personas.

GARY NORTH

¿Cómo pude equivocarme tanto como para confiar en los expertos?

JOHN F. KENNEDY
(TRAS EL FIASCO DE BAHÍA DE LOS COCHINOS)

Como se mencionó anteriormente, resulta difícil imaginar una actividad humana donde se encuentren más expertos intentando vender sus servicios que en el mundo de las inversiones. Hay una infinidad de expertos en inversiones: corredores de bolsa, banqueros privados, intermediarios *(dealers)*, administradores de fondos comunes de inversión y de fondos de cobertura *(hedge funds)*. Pero también hay asesores de inversión, autores de boletines informativos y una miríada de periodistas especializados, para no mencionar los miles de sitios web, libros y revistas que se escriben sobre la inversión.

Harry Browne, autor de un conocido libro sobre inversiones publicado en Internet titulado *Fail-Safe Investing*, define dos tipos distintos de expertos en inversiones: los "ayudantes" *(helpers)* y quienes intentan ganarle al mercado *(market-beaters)*. Según Browne, los ayudantes son "personas que emplean sus conocimientos y experiencia para ayudar al inversor a construir una cartera de inversiones que satisfaga sus necesidades, y para enseñarle a llevar adelante sus planes". Browne dice que vale la pena escucharlos. Los ayudantes también pueden enseñar a los inversores y efectuar los procedimientos y operaciones —compra y venta de títulos, etcétera— necesarios para realizar y mantener inversiones.

Por otro lado, quienes intentan ganarle al mercado son "personas que recomiendan especulaciones para ayudar al inversor a obtener retornos mayores a los que el mercado ofrece a los demás inversores", explica Browne, quien recomienda evitar a este tipo de personas o instituciones.

Pero, a largo plazo, ¿puede un inversor optimizar los retornos de su cartera confiando en un experto financiero? Como se mencionó antes en este libro, hay datos concluyentes que indican que la respuesta a esta pregunta es un *no* rotundo. Esto se debe a la eficiencia y a las complejidades de los mercados de inversión.

Por otro lado, ¿puede un inversor optimizar y administrar eficientemente su cartera mediante la ayuda de un experto financiero? La respuesta a esta pregunta parece ser *sí*, siempre y cuando el experto sea debidamente supervisado.

Como señalamos anteriormente, nadie puede ganarle a los mercados en forma sistemática, y quienes intentan ganarle al mercado no son la excepción, aunque a algunos les irá muy bien el año que viene. Pero el problema radica en que no hay nadie que pueda saber con anticipación a cuáles de los que buscan ganarle al mercado les irá bien el año que viene. Es fácil olvidar que, en los mercados de inversión, los retornos pasados no garantizan retornos futuros. Del mismo modo, el éxito del pasado no garantiza el éxito en el futuro. "El experto en inversiones con una trayectoria perfecta, hasta hoy, perderá su don no bien usted comience a operar asesorado por él", observa Browne.

Supervisión

En términos generales, un buen supervisor es una persona que posee un amplio conocimiento y comprensión —no necesariamente tan profundos como los de un especialista— de las cosas que se supervisan, y además tiene claro cuál es el conjunto de objetivos a lograrse. Para alcanzar estos objetivos, un supervisor debe desarrollar una estrategia y un marco de políticas que deberán seguir las personas a su cargo que realmente van a ejecutar las tareas. Asimismo, un buen supervisor debe conocer perfectamente a quienes supervisa, incluyendo sus debilidades y fortalezas. Por consiguiente, en su propio interés, el inversor que desea supervisar adecuadamente a los expertos financieros, además de conocer las reglas simples y mejores prácticas de inversión, debe comprender las principales características y peculiaridades de los asesores y administradores financieros.

Comisiones y costos de transacción

En primer lugar, es de suma importancia tener presente que algunos expertos financieros cobran menos que otros. Los inversores deberían dedicar un tiempo a analizar en detalle la estructura de precios de sus asesores financieros y compararlos con los de otros competidores. Tras algunos años, y debido al poder del interés compuesto, incluso pequeñas diferencias de cargos administrativos pueden dar como resultado grandes diferencias en la suma final de dinero que el inversor acumule para jubilarse y vivir. Por esa razón, es importante que los inversores comprendan cómo medir los cargos cobrados por los expertos, tanto los explícitos como los implícitos, y los aspectos menos transparentes como los honorarios de administración de inversiones, comisiones y costos de transacción.

Dado que es probable que muchos inversores en todo el mundo utilicen fondos comunes de inversión *(mutual funds)* como principal medio de inversión, es muy importante comprender el sistema de cargos desarrollado por la industria de los fondos comunes de inversión. Los inversores que utilizan otros medios tales como bancos, corredores de bolsa y otras compañías de inversión deberían tomarse el tiempo necesario para comprender sus sistemas de cargos y comisiones.

Fondos comunes de inversión que cobran y que no cobran comisión *(load and no-load mutual funds)*. Existen dos categorías generales de cargos de los fondos comunes de inversión: las comisiones de entrada *(front-end loads)* y de salida *(back-end loads)*, que se cobran cuando el inversor compra y vende cuota-partes del fondo, respectivamente; y existen los "gastos operativos" que normalmente se deducen del retorno del inversor cada año.

La comisión de entrada es el cargo de venta que se cobra cuando el inversor compra cuota-partes del fondo, la cual puede alcanzar hasta un 5% en los Estados Unidos. Los fondos con comisiones de entrada bajas cobran una comisión de apenas entre el 1% y el 3%. Conviene buscar fondos que no cobran comisión (*no-load funds*) de entrada.

La comisión de salida es un cargo en que se incurre cuando el inversor amortiza o vende cuota-partes del fondo. Típicamente, los fondos estadounidenses que imponen comisiones de salida de fondos son de un 5% o 6% si se produce el rescate el primer año y los porcentajes van decreciendo porcentualmente en los años siguientes.

Coeficiente de gastos. Por otro lado, los gastos operativos son los costos en los que incurre el fondo para administrar la cartera, incluyendo los gastos administrativos y los honorarios de asesoramiento pagados al administrador de inversiones del fondo.

Estos gastos, expresados como un porcentaje del total de activos administrados, se conocen como el coeficiente de gastos del fondo, y en los Estados Unidos puede oscilar entre un 0,2% y un 2%. Los inversores pagan estos gastos operativos mediante una reducción en el valor de sus carteras y no de forma explícita.

Una mentalidad consciente de los costos. Los inversores no deben olvidar que obtener y actuar conforme a la información contenida en las señales técnicas y en los patrones de precios del mercado no demostró ser suficiente para compensar los cargos y costos de transacción involucrados. Además, si se tienen en cuenta los cargos y costos de transacción, en los últimos treinta años el índice de acciones S&P 500 ha logrado un desempeño superior al que lograron dos tercios de los administradores de carteras. Estudios similares llevados a cabo en otros mercados desarrollados han llegado a la misma conclusión. Nadie vence al mercado de manera sistemática.

Por consiguiente, como en el caso del pago de impuestos innecesarios, los inversores deberían desarrollar una mentalidad consciente de los costos e ir en busca de administradores de inversiones que no cobren comisiones de entrada y salida y cuyo coeficiente de gastos sea bajo. En los Estados Unidos, esta recomendación cabe específicamente para el plan de jubilación 401(k) de los inversores, pues éste constituye probablemente su principal activo después de la vivienda.

Conflictos de intereses

Una de las cosas más importantes que el inversor debe comprender es que la relación con los expertos financieros puede estar plagada de potenciales conflictos de intereses. Esto es así porque, generalmente, los asesores y administradores financieros ganan dinero cobrando honorarios y comisiones —o la diferencia entre el precio de compra y venta de determinado título— a cambio del asesoramiento y los productos que venden a los inversores. Así, los expertos tienen un interés personal en lograr que el proceso de inversión parezca lo más complejo posible y en promocionar los productos sobre los que obtienen el mayor ingreso.

Otro resultado del modo en que funciona este sistema es que, como los expertos se ganan la vida cobrando cargos por transacción —comisión o diferencia entre precio de compra y venta—, el inversor que constantemente intenta ganarle a los mercados se ve inducido a comprar y vender en forma excesiva, con la consecuente reducción innecesaria del retorno de su cartera debido al aumento de los costos.

La inversión como modo de vida

Uno de los principales objetivos de este libro es familiarizar a los inversores no profesionales con los conceptos y las mejores prácticas en materia de inversiones. Sin embargo, incrementar el conocimiento requiere esfuerzo y disciplina constante por parte del inversor. Más aún, como los mercados están en continuo cambio y evolución, la lectura y el debate sobre inversiones deben volverse una rutina para los inversores, cuyas necesidades y objetivos también cambian todo el tiempo. Vivir una vida cómoda y planear una jubilación decente requiere tomar muy en serio la práctica del ahorro y la inversión.

Los expertos financieros proporcionan a los inversores información sobre los mercados y los productos, y también pueden efectuar las transacciones solicitadas por sus clientes. Pero, al mismo tiempo, también pueden dar a los inversores opiniones algo parciales sobre objetivos y estrategias de inversión. Éste es el motivo por el cual los inversores deberían escuchar con atención la opinión de los expertos, pero no necesariamente deben seguirla siempre. Malcom Forbes señaló una vez que la manera de ganar dinero con el asesoramiento en materia de inversiones es vendiéndolo más que siguiéndolo.

El hábito de escuchar y comparar diferentes opiniones —dejando a los expertos actuar como "consejo de asesores"— ayuda a los inversores no profesionales a adquirir más conocimientos sobre el juego de la inversión y también a formar sus propias opiniones. Un inversor jamás debería emprender un programa de inversiones ni embarcarse en una operación especulativa ni seguir una recomendación de asesores financieros que no comprenda cabalmente.

Delegar a los expertos

Como habrá quedado claro a esta altura, este libro no tiene por finalidad explicar cómo tener éxito en la administración de inversiones tradicional —cómo escoger las acciones correctas, saber cuál es el momento oportuno para salir o entrar en el mercado, etcétera— porque hay demasiados profesionales talentosos y experimentados dedicados a esto… y aun así ninguno en particular puede superar al resto en forma sistemática. Este libro se dirige principalmente a los inversores no profesionales, que tienen la responsabilidad hacia sí mismos de comprender los fundamentos de la inversión a fin de hacer un uso adecuado del asesoramiento de los expertos.

Charles D. Ellis sostiene que "muy a menudo los clientes de los administradores de inversiones delegan en o, mejor dicho, abdican, a favor de estos últimos las responsabilidades que ellos mismos pueden y deben asumir. Sus responsabilidades no delegables son: establecer políticas de inversión explícitas que sean coherentes con sus objetivos, definir objetivos de largo alcance apropiados a su inversión particular y supervisar a sus administradores para verificar que estén siguiendo las políticas establecidas".

Como consecuencia de la falta de compromiso y comprensión de los mercados de inversión por parte de los inversores, los expertos suelen tratar a todos sus clientes de la misma manera. En otras palabras, los expertos tienden a generar carteras estándar para todos sus clientes en lugar de carteras de inversión que se ajusten a los objetivos específicos de cada inversor. El verdadero propósito de los administradores de inversiones no debería ser ganarle al mercado, sino recomendar lo que resulta realmente apropiado para un cliente particular.

Los inversores pueden apoyarse en diversos expertos: contadores, asesores impositivos, abogados, planificadores financieros, bancos privados, administradores de fondos comunes de inversión, agentes inmobiliarios y de seguros. No obstante, es responsabilidad del inversor asegurarse de que el experto se centre en políticas y objetivos específicos y actúe sobre la base de un plan a largo plazo diseñado "a su medida".

En síntesis, como sugirió alguna vez Finley Peter Dunne, "confíe en todo el mundo, pero igual corte el mazo de naipes".

MEJOR PRÁCTICA Nº 3

Equilibrar riesgo, edad y personalidad

Todo el mundo tiene la capacidad intelectual para ganar dinero con acciones… no todos tienen el estómago. Si usted es propenso a vender todo en una situación de pánico, evite las acciones y los fondos comunes de inversión de acciones.

PETER LYNCH

Muy a menudo los expertos financieros, y también los inversores no profesionales, tienden a olvidar el axioma que sostiene que a algunos inversores les interesa comer bien mientras que a otros les importa dormir bien. Como sucede con el helado, los inversores vienen de muchos gustos diferentes, algunos con mayor tolerancia al riesgo que otros.

Además, independientemente de las diferencias en lo que respecta a su tolerancia al riesgo, los inversores tienen distintas edades: "A medida que voy asesorando a individuos y familias sobre estrategia financiera, cada vez me convenzo más de que la capacidad para asumir riesgos depende en gran medida de la edad y de la posibilidad de obtener ingresos de otras fuentes ajenas a la inversión. También es verdad que el riesgo implícito en la mayoría de las inversiones disminuye a medida que aumenta el plazo de tiempo que éstas pueden mantenerse en la cartera. Por estas razones, una estrategia de inversión óptima debe estar vinculada con la edad del inversor", señala Burton G. Malkiel en *Un paseo aleatorio por Wall Street* (*A Random Walk down Wall Street*).

Básicamente, lo que Malkiel está diciendo es que la estrategia de inversión —la asignación de fondos en diversos activos de inversión— debe estar relacionada con la edad. En otras palabras, un inversor de treinta y cinco años y uno de sesenta deben necesariamente utilizar activos de inversión, y proporciones de los mismos, muy diferentes para cumplir con sus metas. El inversor de treinta y cinco años puede contar con el sueldo o los ingresos que percibirá durante muchos años para contrarrestar cualquier pérdida ocasionada por haber asumido mayores riesgos. En cambio, el inversor de sesenta años no tiene la posibilidad de ganar dinero para cubrir las pérdidas financieras y sólo puede afrontar riesgos de inversión más conservadores.

Riesgo y personalidad

Estas dos posturas distintas de estrategias de inversión tienen que ver con dos conceptos conocidos como la **capacidad** y la **actitud** de una persona frente al riesgo. Ambos inversores, tanto el de treinta y cinco como el de sesenta años, pueden invertir en una letra del Tesoro a seis meses. La diferencia reside en que el inversor joven lo hará por tener una actitud de aversión al riesgo —lo cual constituye una característica de su temperamento o personalidad— mientras que el inversor de sesenta lo hará por su menor capacidad para asumir riesgos. El inversor joven posee mayor elección y flexibilidad en términos de cuánto riesgo asumir.

Así, la etapa del ciclo de vida en que se halla un inversor reviste especial importancia a la hora de definir la asignación correcta de los activos en la cartera. En términos prácticos, esto significa que, como la capacidad de asumir riesgos suele estar relacionada con la edad, según su actitud frente al riesgo las personas más jóvenes pueden permitirse tener una mayor proporción de sus activos en acciones y otras inversiones riesgosas que las personas de mayor edad.

Categorías de inversores

El correcto equilibrio entre riesgo, edad y personalidad es tan crucial en materia de inversiones que muchos expertos e inversores institucionales han comenzado a desarrollar modelos o categorías que describen las diversas capacidades y actitudes frente al riesgo por parte de sus clientes inversores. Se solicita a los inversores que se definan o categoricen a sí mismos de modo que los expertos puedan ofrecerles un enfoque más personalizado y, consecuentemente, recomendarles las estrategias de inversión que mejor se ajusten a su edad y personalidad.

A modo de ejemplo, a continuación se presentan las definiciones de las diferentes categorías de inversores que la división de Banca Privada de un banco importante utiliza para clasificar a sus clientes:

- **Nivel I (Conservador):** Prioriza la liquidez, preservando el patrimonio y el poder adquisitivo. A menudo este inversor tiene más de 50 años de edad y muy poca tolerancia a las pérdidas.

- **Nivel II (Equilibrado-Conservador):** Tiene como objetivo generar cierto ingreso, preservando el capital con un crecimiento moderado de su patrimonio. Coincide en edad con el nivel anterior, pero muestra cierta tolerancia al riesgo.

- **Nivel III (Equilibrado):** Busca un modesto aumento del patrimonio y está dispuesto a asumir pequeñas pérdidas temporarias. Normalmente, su edad ronda los 40 años, y posee cierta tolerancia a las pérdidas.

- **Nivel IV (Equilibrado-Agresivo):** Busca una apreciación del capital con moderada volatilidad en el largo plazo y comprende que los retornos y el valor de las carteras de inversión son siempre proclives a fluctuar en el tiempo. Probablemente sea más joven que el inversor del nivel anterior, y manifieste mayor tolerancia al riesgo.

- **Nivel V (Agresivo):** Su objetivo es maximizar el crecimiento del capital en el largo plazo. Además, el inversor está dispuesto a sacrificar ingresos aceptando una mayor volatilidad, a fin de lograr un aumento sustancial en su riqueza a largo plazo. Su edad ronda los 30 años, y posee una personalidad ambiciosa.

Cabe señalar que ésta es sólo una clasificación general cuyo objetivo es que los inversores se conozcan a sí mismos y sean capaces de supervisar a sus expertos con mayor eficiencia. Por ejemplo, puede ocurrir que exista un joven inversor de 30 años, que no tenga ninguna tolerancia a las pérdidas, clasificado como de nivel I. Y viceversa, puede existir un inversor entrado en años con gran capacidad y una actitud agresiva frente al riesgo, clasificado dentro del nivel III, IV o incluso V. También es bastante frecuente encontrar jóvenes inversores agresivos que al pasar los años se vuelven conservadores y temerosos.

Gestión del riesgo

A veces, inducidos —o seducidos— por sus asesores financieros, los inversores desarrollan objetivos de inversión sin tener en cuenta su propio factor de tolerancia al riesgo. Algunos empiezan definiendo el monto de retorno que necesitan para cubrir los gastos de la vivienda, de educación o de jubilación. Otros simplemente establecen un "retorno real" —un retorno por encima de la tasa de inflación esperada— como meta de inversión que se proponen lograr durante determinado período. Sobre la base de los ingresos que procura obtener el inversor, se construye luego una cartera de inversión.

Desde luego esta práctica es errónea, y casi imposible de implementar en el mundo real. Si el nivel de riesgo de la cartera de inversiones requerido para hacer frente a los gastos futuros excede la tolerancia del inversor ante las pérdidas, existe una alta probabilidad de que el plan se abandone cuando los mercados se pongan difíciles, que, en ciertos casos, bien podría ser el peor momento para abandonarlo. Con la obsesión de generar un determinado monto de ingresos para hacer frente a gastos futuros específicos, los inversores tienden a olvidar su propia capacidad y actitud frente a las pérdidas temporarias.

"Pensar en la posibilidad de perder un 30% del capital es como entrenarse para un aterrizaje forzoso en un simulador de vuelo", observa William J. Bernstein en *The Four Pillars of Investing*. Pero nadie sabe realmente cómo reaccionará cuando se enfrente a una verdadera baja en el mercado. La tolerancia al riesgo constituye un aspecto esencial de cualquier plan de inversión y solamente el inversor puede evaluar verdaderamente su actitud hacia las pérdidas, incluso las de carácter temporario. En la inversión, el riesgo está primero.

Como ya vimos, los inversores pueden obtener algún consuelo al saber que el riesgo que supone una inversión en activos volátiles (acciones ordinarias, bonos a largo plazo, etcétera) se reduce cuanto más largo es el período durante el cual los inversores acumulan y mantienen sus inversiones. Los expertos denominan a esta habilidad "capacidad de permanencia" *(staying power)*, el período de tiempo durante el cual se puede sostener una inversión. El inversor que quiera optimizar el retorno de su cartera debe tener la personalidad adecuada para aceptar considerables fluctuaciones de corto plazo en el valor de la cartera.

La esencia de invertir no es sólo generar retornos positivos, sino gestionar el riesgo con ese propósito en mente.

MEJOR PRÁCTICA Nº 4

Diversificar los activos

Tenga cuidado si no sabe adónde va, porque es probable que no llegue.

YOGI BERRA

¿Quiere un consejo sobre acciones? Por supuesto, usted sueña con enterarse a tiempo del próximo eBay o Google. Pero si quiere un consejo que supere la prueba del tiempo, no haga caso a los rumores. En gran medida, no tiene mucha importancia qué acciones o fondos de inversión compre. Lo que realmente interesa es la asignación de los activos, o cómo divide el dinero entre un menú variado de inversiones.

ANNE TERGESEN, *Business Week*, 27/6/2005

Probablemente, la práctica más importante que el inversor debe aprender es la diversificación de activos ajustando las respectivas categorías (acciones, bonos, bienes raíces, efectivo, *commodities*, etcétera) en las diferentes etapas de su ciclo de vida. De acuerdo con numerosos estudios desarrollados en las dos últimas décadas, más del 90% del retorno total de un inversor proviene de la política de asignación de activos que implemente, o sea de la elección de distintas categorías de activos con baja correlación entre sí, y de la proporción que éstas representen en su cartera de inversiones. La selección de acciones, bonos y otros activos específicos explica menos del 5% del éxito de las inversiones, mientras que apenas 5% deriva de entrar o salir del mercado en el momento oportuno y de otros factores.

Dicho de otro modo, dado que un inversor —o incluso un experto financiero— no puede ni anticiparse a los mercados ni elegir títulos individuales de manera sistemáticamente exitosa, el único factor determinante del riesgo y el retorno que puede ser controlado es la diversificación de activos.

"Es mucho más importante elegir las proporciones correctas de acciones y/o bonos extranjeros y de acciones y/o bonos estadounidenses que escoger los mejores títulos individuales o adivinar los 'picos' o los 'valles' de los mercados", sostiene William J. Bernstein en *The Intelligent Asset Allocator*. El autor prosigue diciendo que "obviamente, el entrar o salir del mercado en el momento oportuno y la selección de títulos específicos son cuestiones importantes. El único problema es que nadie alcanza el éxito a largo plazo en lo que respecta al primer punto, y casi nadie lo logra en lo que respecta al segundo. La asignación de activos constituye el único factor que afecta a las inversiones sobre el cual usted realmente puede influir".

Lisa y llanamente, una inversión concentrada tal como la tenencia de acciones de una única empresa maximiza las posibilidades de obtener un resultado excelente. Por desgracia, al mismo tiempo y debido a la volatilidad que caracteriza a las acciones, también maximiza la probabilidad de obtener un retorno muy bajo, incluso negativo. El inversor debe elegir entre dos metas posibles: maximizar las posibilidades de volverse rico, o bien maximizar las probabilidades de lograr los objetivos razonables de vivir una vida cómoda y tener un retiro decente. Y estas metas son mutuamente excluyentes.

Por último, ¿cómo se calcula la asignación de activos —o sea la composición de la cartera— que genera el mayor retorno con el menor riesgo? Como ya se señaló —véase el capítulo 12: "Nueva Tecnología de Inversión", Diversificación de activos—, la diversificación eficiente *(efficient diversification)* busca reducir el riesgo y, al mismo tiempo, preservar u optimizar el retorno de la cartera de inversiones. Supera a la diversificación ingenua *(naive diversification)* determinando en primer lugar la tasa de retorno que desea el inversor y luego seleccionando los títulos que le permitirán obtenerla. No obstante, teniendo presente que sólo es posible obtener mayores retornos si se asume un riesgo mayor, en términos prácticos una diversificación eficiente debería ayudar al inversor a elegir los títulos que maximizarán la tasa de retorno de la cartera con un nivel de riesgo específico que el inversor pueda tolerar.

Pero, como nadie puede vaticinar el futuro, es imposible definir con anticipación cuál será la asignación de activos más eficiente. Como ya vimos, los inversores sólo pueden recibir escasa orientación basada en lo que ocurrió en el pasado: que a largo plazo, si se las compara con el efectivo y los bonos, las acciones son más riesgosas y generan mayores retornos; la diversificación de la cartera puede reducir el riesgo, y está demostrado que poseer inversiones que siguen a un índice es beneficioso. La meta, entonces, es definir una asignación de activos o composición de la cartera —es decir, las categorías de activos y sus proporciones respectivas en la cartera de inversiones— que arroje resultados razonablemente buenos en un amplio rango de escenarios económicos, políticos y de mercado.

El proceso de diversificación

La mejor práctica "Diversificar los activos" verdaderamente confronta al inversor con el hecho de que la inversión no constituye una ciencia exacta. Un inversor no puede aplicar fórmulas o ecuaciones matemáticas para determinar las categorías de activos correctas y las proporciones adecuadas de cada una para su cartera. Existen numerosos aspectos de la inversión —por ejemplo, la capacidad y la actitud del inversor con respecto al riesgo— que son extremadamente subjetivos y difíciles de cuantificar.

A pesar de ello, existe un proceso genérico mental y práctico que el inversor puede seguir a fin de determinar la estructura de asignación de activos más adecuada. Este proceso iterativo, que se aplica y corrige continuamente, ayudará a cada inversor a alcanzar lo que se conoce como "**política de asignación de activos**" *(policy asset allocation)*, "**política de asignación**" *(policy allocation)* o "**política de cartera**" *(policy portfolio)* que, esencialmente, es la estructura o composición de activos diversificados más adecuada para un inversor en particular.

Es preciso tener en cuenta cuatro factores, parte del proceso de diversificación de activos, a los efectos de determinar la política de asignación correcta para un inversor dado:

1. Correlación. Como se señaló anteriormente —capítulo 12: "Nueva Tecnología de Inversión", Teoría Moderna de Carteras, *Modern Portfolio Theory, MTF*—, para que la diversificación reduzca el riesgo y aumente los retornos, las categorías de activos que integran la cartera de inversiones deben tener una baja correlación entre sí. Dicho de otro modo, en un determinado escenario económico, político o de mercado, los activos que componen la cartera de inversiones deberían tener un comportamiento diferente, no correlacionado. Es muy probable que el mal desempeño de un activo esté asociado con un buen rendimiento de otro. Cuanto más baja sea la correlación entre los activos, mejor.

La clave para reducir el riesgo es elegir activos de inversión que no varíen en forma sincronizada. De esta manera, cuando un activo tiene un bajo rendimiento, hay otro que presenta un buen desempeño. Dado que una cartera bien diversificada genera retornos menos volátiles que otra compuesta por inversiones que suben y bajan en forma simultánea, es por definición menos riesgosa. En consecuencia, como una menor volatilidad aumenta la base sobre la cual los ingresos futuros se irán acumulando, una cartera diversificada también puede generar mayores retornos.

El retorno promedio, o esperado, ponderado de las diferentes categorías de activos que componen una cartera determina el retorno esperado de ésta. No obstante, se suele pasar por alto un aspecto de las carteras de inversiones: a veces el riesgo global es sustancialmente mayor, o menor, que la suma ponderada de los riesgos de los títulos que integran la cartera. El grado en que el riesgo global esté por encima o por debajo de la suma ponderada de los riesgos individuales depende del grado de correlación entre el conjunto de activos. Cuanto más alta sea esta correlación, mayor será el riesgo de la cartera por encima del que resultaría de la ponderación de los riesgos de los activos individuales.

Pero en el mundo real, el desafío de los inversores es hallar activos con baja correlación. Además, el riesgo, los retornos y las correlaciones de los activos de inversión pueden fluctuar considerablemente a lo largo del tiempo. Lamentablemente, en la mayoría de los países existen esencialmente sólo cuatro, o quizá cinco, categorías de activos que no presentan alta correlación: efectivo, acciones, bonos, metales preciosos y fondos de inversión en bienes raíces (REIT, por sus siglas en inglés). La correlación entre acciones de grandes y pequeñas empresas es bastante alta, y lo mismo ocurre con la correlación entre bonos de mediano y largo plazo.

Para armar una cartera de inversiones verdaderamente diversificada, compuesta por muchos activos imperfectamente correlacionados, es necesario incorporar títulos extranjeros tales como los europeos, los japoneses o acciones y bonos de mercados emergentes.

Afortunadamente, como lo descubrió Harry Markowitz —véase el capítulo 12: "Nueva Tecnología de Inversión", Teoría Moderna de Carteras—, las categorías de activos en una cartera no necesitan estar perfectamente no correlacionadas para que puedan obtenerse los beneficios de la diversificación (reducción del riesgo y mejores retornos). Aparentemente, el margen de error de la política de asignación de activos es considerable. Como se describirá más adelante, aferrarse a la política de asignación de activos adoptada a lo largo de buenas y malas épocas es mucho más importante que elegir la "mejor" asignación de activos.

La diversificación de la cartera de inversiones entre activos no correlacionados reduce el riesgo y aumenta el retorno. Más adelante se observará que, como la asignación de activos original puede variar con las fluctuaciones del mercado, a los efectos de capturar este mayor retorno es necesario reequilibrar periódicamente la cartera de inversiones para restaurar las proporciones originales de cada activo.

2. Horizonte temporal *(Time horizon)*. Una vez que el inversor ha seleccionado las categorías de activos razonablemente no correlacionadas entre sí, debe definirse el "horizonte temporal" sobre el cual se va a mantener la cartera (véase el capítulo 9: "Riesgo, retorno y tiempo"). Como vimos anteriormente, el "horizonte temporal" es una función directa de la edad del inversor y, cuanto más tiempo se mantengan activos de alto riesgo tales como las acciones, más alta es la probabilidad de obtener mejores retornos. La inclusión de la consideración de un horizonte temporal determinado puede inducir a un ajuste de la asignación de activos definida sólo tomando en cuenta el criterio de la correlación, visto en el apartado anterior.

Claramente, si el inversor está ahorrando para cubrir ciertos gastos específicos en los que se incurrirá en los próximos años —por ejemplo, gastos en educación universitaria—, a menos que dichos gastos representen sólo una fracción pequeña de los ahorros del inversor, el dinero no debería invertirse en acciones ordinarias, pues éstas no garantizan una tasa de retorno positiva en un horizonte temporal tan corto.

Si sólo se tiene en cuenta el horizonte temporal del inversor, las acciones pueden ser un buen instrumento de inversión para fondos de retiro de largo plazo, porque el inversor puede estar relativamente seguro de que ganará una buena tasa de retorno manteniendo los títulos en su cartera durante un período de tiempo prolongado. Por ejemplo, si el inversor tiene 30 años y sólo está planificando su jubilación o retiro, puede ser relativamente seguro colocar una gran proporción —hasta un 60%— de sus ahorros en activos riesgosos tales como acciones, pues el horizonte temporal será seguramente de más de 20 años. Por otro lado, si el inversor está próximo a jubilarse y planea gastar sus ahorros en un período de tiempo relativamente breve —entre diez y quince años—, su exposición a los activos riesgosos debería ser moderada y la cartera debería contener una cantidad sustancial de títulos de renta fija a corto y mediano plazo —tales como los Títulos del Tesoro Protegidos contra la Inflación o TIPS (por sus siglas en inglés)—, cuyos retornos son más predecibles.

En la práctica, algunos expertos recomiendan utilizar la edad del inversor para estimar la proporción de bonos que debería tener una cartera de inversiones. Por ejemplo, una inversora de entre 20 y 30 años no debería tener más de un 20% de bonos en su cartera. Un inversor de entre 70 y 80 años podría mantener una canasta en la que los títulos de renta fija relativamente seguros representen hasta un 70% de la cartera, y así sucesivamente.

Pero cabe hacer una advertencia sobre todos estos conceptos. Un horizonte temporal prolongado no garantiza necesariamente buenos retornos de las acciones —ni de ningún otro activo volátil— puesto que, si bien los retornos históricos de las acciones a largo plazo son más elevados que los de los bonos, no hay nada que garantice que los inversores obtendrán dichos retornos justo en el momento en que necesitan los fondos para jubilarse.

Por este motivo, muchos expertos financieros y académicos recomiendan el ajuste periódico —cada cierta cantidad de años— de la "política de asignación de activos" a fin de que refleje una reducción en la proporción de activos volátiles a medida que los inversores se hacen mayores. Para tales fines, los inversores deben tener en cuenta los siguientes dos factores.

En primer lugar, existen fondos de inversión —denominados en los Estados Unidos "**fondos del ciclo de vida**" (*lifecycle funds*) o "**fondos con una meta temporal definida**" (*target maturity funds*)— que ajustan gradualmente la asignación de activos, reduciendo la proporción de acciones y aumentando la de bonos a medida que los accionistas se aproximan al momento de su jubilación. En segundo lugar, hoy en día es común que una persona viva treinta años más después de jubilarse, por lo cual se debe evitar caer en la trampa de volverse demasiado conservador con mucha anticipación.

En última instancia, como se analizará más adelante, lo que terminará de moldear las características de riesgo de la política de asignación será la capacidad y la actitud del inversor ante el riesgo.

3. Capacidad. A esta altura, el inversor habrá comprendido cabalmente el tipo de activos que debería contener su cartera de inversiones. Ha llegado el momento, entonces, de comenzar a imponer algunas restricciones a la estructura de asignación de activos construida bajo aspectos relacionados con la "correlación" y el "horizonte temporal" del inversor.

La situación económica y las circunstancias financieras del inversor son algunos de los factores más importantes que pueden imponer restricciones o modificaciones a la cartera de inversiones hasta ahora "ideal" para dicho inversor. Estas circunstancias incluyen el monto y la estabilidad del ingreso que el inversor obtiene independientemente de sus inversiones y su capacidad financiera para hacer frente a los reveses financieros que pudiera sufrir. Como ya se señaló, la capacidad del inversor para hacer frente a las pérdidas, aunque sean temporarias, suele encontrarse muy relacionada con la edad.

Un par de ejemplos ayudarán a entender cómo la composición adecuada de la cartera también depende de la capacidad del inversor para asumir riesgos. Consideremos primero a un inversor varón de 65 años de edad que se ha jubilado y vive con su esposa en una modesta vivienda alquilada. La pareja cuenta con la jubilación mensual y el ingreso que pueda obtener de una cartera de US$70.000, acumulados a lo largo de sus respectivos años de trabajo, para vivir.

Debido a su situación financiera, la capacidad que poseen estos inversores ya jubilados para asumir un alto riesgo de inversión es muy limitada. Por un lado, tienen gastos mensuales de alquiler y otros gastos necesarios y, por el otro, una expectativa de vida o un horizonte temporal relativamente corto —desde el punto de vista de las inversiones—, y poca capacidad de percibir dinero adicional si no es mediante las inversiones. Esta pareja no tendrá la capacidad de recuperarse de ninguna pérdida en su cartera de inversiones, razón por la cual las acciones u otros activos volátiles no deberían tener una participación importante dentro de su cartera. En este caso es preferible una cartera compuesta de bonos seguros que genere buenos ingresos.

Otro ejemplo sería el de un joven ingeniero recién graduado del Instituto Tecnológico de Massachusetts (MIT) que ha sido contratado por IBM para trabajar en un proyecto de última tecnología. Es emprendedor y sabe exactamente lo que quiere hacer con su carrera profesional y sus inversiones. Aquí tenemos un escenario de inversión totalmente distinto: el inversor posee una expectativa de vida o un horizonte temporal prolongado, y suficientes posibilidades de obtener ganancias que le permitan vivir una vida cómoda con independencia de cualquier pérdida financiera que pueda sufrir su cartera de inversiones. Desde luego, este inversor tiene el horizonte temporal y la capacidad para implementar una política de asignación de activos en la que las acciones y otros activos riesgosos tengan una mayor participación en la cartera.

No obstante, en ambos ejemplos será el temperamento del inversor lo que, en última instancia, determinará el nivel preciso de riesgo que el inversor estará dispuesto a asumir.

4. Temperamento. Por último, el proceso de diversificación concluye con una evaluación del temperamento del inversor. Como se comentó anteriormente —Cuarta parte, "Mejor práctica Nº 3: Equilibrar riesgo, edad y personalidad"—, la personalidad del inversor determina su actitud y su tolerancia al riesgo y, en consecuencia, su predisposición a aceptar los mayores riesgos normalmente asociados con retornos superiores al promedio.

El proceso racional y objetivo de selección de activos para incluirlos en la cartera con una correlación razonablemente baja, teniendo en cuenta el horizonte temporal del inversor y su capacidad para hacer frente a reveses financieros, ahora debe ponderarse con respecto a la cuestión plenamente subjetiva de la actitud del inversor ante el riesgo. La clave es cuál es la composición de la cartera que le permite al inversor dormir tranquilo. Un psiquiatra podría ayudarnos con esta cuestión, pero no demasiado.

Como se examinó en los párrafos precedentes, el proceso de diversificación racional postula que si el inversor es joven y tiene una ocupación laboral que le proporciona un ingreso sustancial y permanente, debería asignar una parte importante de sus ahorros a activos volátiles, por ejemplo, acciones. Pero esto requiere que el inversor posea el temperamento para mantenerse fiel al programa de inversión a pesar de las subas y bajas de los mercados de acciones. Más importante aún, implica que el inversor será capaz de resistir la tentación de vender los activos de alto riesgo tras —o durante— el primer revés del mercado.

Nadie puede realmente ayudar al inversor a definir su nivel de tolerancia al riesgo. No hay duda de que ciertas consideraciones subjetivas desempeñan una función central en el proceso de selección de activos. Los inversores pueden obtener cierto consuelo si recuerdan que el riesgo se reduce cuanto mayor es el horizonte temporal. La historia enseña que, en los mercados financieros, todo lo que sube baja y viceversa. El problema reside en que nadie puede vaticinar de manera precisa y sistemática cuándo y cómo tendrá lugar este proceso cíclico.

En última instancia, el proceso de asignación de activos solamente se completa cuando el inversor es capaz de responder a la siguiente pregunta: ¿Qué porcentaje o importe de la cartera puede tolerar perder, sabiendo que sólo es posible lograr retornos de inversión elevados si se asume un riesgo importante?

El proceso de asignación descrito en los cuatro puntos anteriores debería ayudar a que los inversores comprendan la "dinámica" que supone definir la estructura de su cartera. Pero hay que tener cuidado: incluso activos de inversión poco correlacionados entre sí pueden perder de manera repentina esta característica y caer en tándem en medio de una severa crisis de mercado. El riesgo sistemático o de mercado siempre está presente en cualquier inversión y no puede ser diversificado. Es por eso que la reducción del riesgo derivada de la diversificación suele perderse en mercados en fuerte baja.

Numerosos expertos incluso argumentan que, a causa de la creciente globalización de las economías, la diversificación internacional posee poco valor dada la creciente correlación entre los retornos de los mercados en diversas naciones. Pero, de acuerdo con algunos estudios recientes, los datos empíricos indican lo contrario: no existe evidencia de una correlación creciente entre los mercados internacionales como resultado de la mayor globalización de las economías.

Por último, la mayor ventaja de una cartera eficientemente diversificada puede ser de índole psicológica en el sentido de que el inversor posee una exposición limitada a cualquier categoría de activos o mercado particular. Citando a Don Quijote, el inversor "nunca debería poner todos sus huevos en una sola canasta".

Categorías de inversión

Este libro trata sobre la inversión, no sobre la especulación. Por consiguiente, la cartera de inversiones debería ser simple y de fácil supervisión por parte del inversor. La esencia del proceso es la gestión del riesgo, tendiente a generar un retorno que se condiga con la capacidad y la actitud del inversor con respecto a los reveses financieros que seguramente se presentarán. La historia de las inversiones nos enseña que todas las categorías de inversiones y de activos tienen su esplendor... y también su momento de oscuridad. No existe una categoría de activos que sea siempre buena, en todas las circunstancias, y es imposible vaticinar regularmente los ciclos económicos y políticos con un nivel razonable de precisión y consistencia. Por lo tanto, las carteras de inversiones deben incluir categorías de activos que reaccionen bien ante los distintos escenarios de crecimiento económico, inflación, recesión y deflación descriptos anteriormente (véase el capítulo 3: "Los mercados y la economía").

Los inversores también saben que algunos bancos tradicionales y otras instituciones con buena reputación han fracasado, los fondos comunes de inversión y de pensiones han estado rodeados de suspicacias, y los escándalos que involucran a empresas y administradores financieros ahora son comunes en Wall Street y otros mercados. Más aún, centenares de estudios demuestran que los inversores no pueden esperar que los expertos financieros siempre los orienten bien para atravesar los, a veces, bruscos cambios del mercado, o que siempre elijan la acción o el bono adecuado en el momento justo. Y para complicar aún más las cosas, a causa de la globalización los mercados mundiales y las monedas —cuyos valores relativos fluctúan constantemente— se han convertido en una oportunidad de inversión —y en un peligro— que los inversores deben tener en cuenta.

La estrategia, entonces, consiste en la distribución del riesgo. El inversor no profesional debe diversificar entre categorías de activos. Algunos asesores incluso recomiendan la diversificación de administradores financieros, países e incluso instituciones financieras. La cartera de inversiones debería asegurarle al inversor que sus ahorros se preservarán cualquiera sea el escenario económico y político, incluso en aquellos potencialmente devastadores para alguna de las categorías de activos que componen la cartera. Para que esta protección sea plausible, la cartera debería contener al menos una categoría de activos que reaccione bien ante cada escenario económico o político. Dicho de otro modo, la cartera de inversiones debería contar con al menos una categoría de activos "líder" para cada escenario económico y político, que genere retornos cuando le llegue el turno. Esta cartera así diversificada no puede proteger al inversor de las pérdidas, pero puede limitarlas, de manera que cuando vuelvan los buenos tiempos el inversor tenga una mayor base para continuar aumentando su patrimonio.

Como ya se mencionó, la cartera de inversiones debería ser simple y contar con entre seis y ocho categorías de activos bien diversificados que definiremos dejando de lado toda consideración respecto del horizonte temporal del inversor y su capacidad y actitud ante el riesgo. Las categorías de activos que, en diferentes proporciones y combinaciones, deberían constituir la cartera de cualquier inversor no profesional son las siguientes:

Dinero en efectivo *(Cash)*. Como se señaló en el capítulo 2, "Instrumentos de inversión", el efectivo se define como los depósitos bancarios a corto plazo y cualquier otro título sin riesgo de pérdida del capital, como por ejemplo una letra del Tesoro a 90 días, o cualquier otro activo con características similares. Los fondos del mercado monetario también se consideran efectivo.

Todo inversor necesita una reserva de efectivo para los momentos en que flaquean sus ingresos y las inversiones, y para cubrir emergencias que suelen presentarse en los momentos más inoportunos. Además, si bien históricamente los retornos del efectivo sólo han logrado compensar la inflación, el efectivo es excelente para períodos donde la política monetaria es restrictiva y suben las tasas de interés, ya que aumenta rápidamente el valor de la cartera. No obstante, cuando caen las tasas de interés ocurre lo contrario.

La proporción de efectivo que debe mantenerse en la cartera de inversiones también está en función de la edad del inversor y de sus circunstancias financieras personales. Cualquier gasto futuro conocido de envergadura debe ser cubierto mediante inversiones de corto plazo, tales como certificados de depósito o fondos del mercado monetario.

Bonos. Una de las dimensiones más importantes de la política de inversión es la definición de la composición de la cartera o participación en la misma de los distintos activos, en especial el coeficiente entre las inversiones de renta fija y las inversiones en acciones.

Los títulos de renta fija como los bonos brindan a los inversores una fuente de ingreso permanente y pueden resultar particularmente útiles para personas mayores y para jubilados. También pueden resultar importantes para los inversores que están planificando incurrir en gastos futuros

—como comprar una vivienda o pagar estudios universitarios— o bien para aquellos que simplemente quieran conferirle cierta estabilidad a su cartera global de inversiones.

Los bonos generalmente funcionan muy bien en épocas de prosperidad y cuando caen las tasas de interés, o en períodos con bajas expectativas de inflación futura. Por el contrario, en los momentos de inflación y de política monetaria restrictiva —cuando normalmente suben las tasas de interés— los bonos tienden a perder valor.

Los Títulos del Tesoro Protegidos contra la Inflación (TIPS) son un excelente activo para proteger a los inversores de la amenaza de inflación y para garantizar una tasa de retorno real, al menos de una parte de la cartera. Cuando la inflación se acelera, los TIPS ofrecen retornos nominales más elevados, mientras que los precios de las acciones y de los bonos tienden a caer. Por lo tanto, los TIPS tienen una baja correlación con otras categorías de activos y pueden contribuir a una diversificación eficiente que facilite la reducción del riesgo global de la cartera de inversiones.

En su libro *Worry-Free Investing*, Zvi Bodie y Michael J. Clowes recomiendan a los inversores que por alguna razón no pueden correr riesgos con los fondos que han invertido para su jubilación, que integren su cartera únicamente con TIPS con diversos vencimientos. De este modo, un inversor conservador que ahorra sólo para su jubilación tendrá prácticamente asegurada una tasa de retorno real y la protección de su poder adquisitivo.

Cabe señalar un último punto sobre este activo: si bien la mayoría de los estudios publicados en los Estados Unidos compara los TIPS con los bonos del Tesoro, muchos profesionales de finanzas creen que los TIPS se parecen más a las acciones, pues sus precios también están relacionados con la inflación. Este argumento se fundamenta en que el precio de las acciones generalmente sigue al crecimiento de las ganancias, y la inflación mejora los ingresos y las ganancias de muchas empresas, los cuales crecen cuando los precios suben y disminuyen cuando éstos caen.

Resumiendo, una proporción de la cartera de inversiones debería contener diversos títulos de renta fija tales como las notas y bonos del Tesoro —incluidos los TIPS— y bonos corporativos de alta calidad y los de alto rendimiento. La proporción que estos instrumentos ocupen en la cartera está en función del horizonte temporal, la capacidad y la actitud del inversor frente al riesgo.

No obstante, cuando se invierte en activos de renta fija, los inversores deben tener en cuenta los plazos o duración de los títulos, y los posibles efectos —tanto positivos como negativos— que éstos pueden tener en el desempeño de la cartera: cuanto mayor sea la duración de un activo de renta fija, mayor será su volatilidad.

Acciones. Como se señaló anteriormente, durante períodos históricos prolongados las acciones han proporcionado a los inversores mayores retornos que los bonos, pero a expensas de un riesgo considerablemente mayor. Por otro lado, los bonos y las acciones suelen subir en los momentos de prosperidad, tienen baja correlación entre sí y constituyen una parte esencial de cualquier cartera de inversiones. En general, las acciones se ven menos afectadas por la inflación que los bonos pero las recesiones y los períodos de política monetaria restrictiva las perjudica.

En consecuencia, la proporción de la cartera invertida en acciones debería relacionarse directamente con el horizonte temporal del inversor, así como también con su capacidad y con su actitud ante el riesgo. En términos generales, el saber popular sugiere que, cuanto más joven sea el inversor, más podría invertir en acciones. No obstante, si bien esta regla puede ser correcta en la mayoría de los casos, hay algunos aspectos que conviene analizar. Para comprenderlos mejor, a continuación tomaremos un caso extremo.

John Parker, de 33 años, y su esposa Doris viven en Houston, Texas. Ambos trabajaban en Enron. Sus principales ahorros son su casa hipotecada y el plan de jubilación privada de Enron. ¿Qué proporción de sus ahorros deberían haber invertido en acciones de Enron? La respuesta es: **nada.** ¿Por qué? Pues, al depender de la empresa como fuente de su ingreso mensual, los Parker ya tenían una gran exposición al riesgo de Enron, aún si la empresa no hubiera quebrado.

Además, puede ser que un inversor no esté expuesto al riesgo de una sola empresa como los Parker, sino que podría estarlo indirectamente dado que, en general, el nivel del mercado de acciones está estrechamente vinculado con la salud de la economía. Es bien sabido que el ingreso de muchos trabajadores, sobre todo en el sector privado y en economías con mercados de valores importantes, se ve expuesto a cierto grado de riesgo si el mercado de valores baja.

Estas observaciones sugieren que, antes de decidir cuánto invertir en los mercados de acciones, los inversores deben analizar con detenimiento no sólo su propia capacidad y tolerancia al riesgo, sino también su exposición global a éste. Warren Buffett dijo alguna vez: "No entre en el mercado de valores a menos que pueda tolerar, sin entrar en pánico, que sus tenencias en acciones caigan un 50%".

Bienes raíces (*Real estate*). Muchos expertos financieros consideran que los activos fijos tales como las viviendas y oficinas son buenos para cubrirse contra la inflación. Sin embargo, como ocurre con los mercados financieros, los mercados de bienes raíces a veces tienden a volverse irracionales, produciendo un incremento de precios anormal que en ocasiones trae aparejado un exceso de construcción. El nivel de las tasas de interés puede afectar profundamente el valor de los inmuebles. Las bajas tasas de interés inducen a los compradores a contraer hipotecas, y a los constructores a edificar de más. El proceso generalmente termina con una repentina corrección de precios.

En los Estados Unidos, y en algunos países emergentes y de Europa, los inversores para quienes el valor de su vivienda representa sólo una fracción de sus carteras —compuestas además por efectivo, bonos y acciones— pueden querer ampliar la diversificación invirtiendo en bienes raíces comerciales mediante la adquisición de Fondos de Inversión en Bienes Raíces (*Real Estate Investment Trusts, REITS*). Asimismo, estos fondos han mostrado mayor estabilidad que otros títulos de acciones y sus retornos no parecen tener una alta correlación con otras categorías de activos, lo que tiende a reducir la volatilidad de la cartera de inversiones en términos globales.

Commodities. Los *commodities* (productos básicos) se comercializan en todo el mundo, incluso con mayor alcance geográfico que las acciones de las empresas de los Estados Unidos o los bonos emitidos por los gobiernos. Si bien los *commodities* parecen más sencillos de comprender que las opciones, las acciones e incluso los bonos, no son menos riesgosos. De hecho, suelen ser más riesgosos que la mayoría de las otras categorías de activos. La comercialización de *commodities* es un negocio muy dinámico, llevado a cabo por profesionales. Solamente los inversores muy tolerantes al riesgo deberían considerar la posibilidad de invertir en *commodities*.

Cabe recordar que, en lo que respecta al comercio de *commodities*, mientras que los productores son los *hedgers* —es decir, las personas y empresas que tratan de cubrir sus riesgos—, los inversores son los especuladores que apuestan a que los primeros hayan calculado mal los precios futuros. Como especulador, al inversor no le interesa realmente la efectiva utilización de los *commodities*, sino sólo aprovechar la oportunidad de obtener un retorno elevado aunque con un alto riesgo.

Como ya vimos, los mercados de *commodities* pueden verse afectados por muchos acontecimientos importantes e impredecibles, desde problemas laborales en países en desarrollo hasta condiciones climáticas imprevistas e inestabilidad política. Ésa es la razón por la cual quienes especulan en *commodities* probablemente sean los inversores que mayor riesgo asumen.

Se estima que más del 90% de las personas que especula en *commodities* pierde. Entonces, la cuestión es cómo estar entre el 10% que gana. En rigor, no todo es cuestión de suerte, pues los operadores con las mejores oportunidades son las grandes empresas —Cargill, Bunge & Born, General Foods— que tienen gente en todo el mundo reportando acerca de aquello que resulte de interés sobre cada *commodity*.

Es posible que los inversores no profesionales se estremezcan ante la sola idea de invertir en *commodities*, metales preciosos, derivados, fondos de cobertura o activos extranjeros. Éstos pueden ser, sin ninguna duda, activos de inversión realmente riesgosos. Pero como vimos antes, pequeñas dosis de inversiones volátiles, combinadas en una cartera grande pueden incluso reducir el riesgo, siempre y cuando el inversor seleccione activos riesgosos que estén negativamente correlacionados moderando así los altos y bajos de los restantes activos de la cartera.

Metales preciosos. Como se analizó en el capítulo 2, "Instrumentos de inversión", los metales preciosos también son *commodities*, y frecuentemente se incluyen en carteras de inversión sofisticadas a modo de cobertura contra la inflación y la inestabilidad política.

El oro suele tener un pobre desempeño en tiempos de estabilidad, de crecimiento económico, de política monetaria restrictiva y de baja inflación. Pero ningún otro activo de inversión logra un desempeño superior al oro en términos de protección contra la inflación y la inestabilidad política, con la excepción de los TIPS, los cuales tienen una volatilidad sustancialmente menor.

El beneficio de invertir en metales preciosos es que, generalmente, sus retornos no fluctúan en sincronía con el resto de los mercados. En general, se acepta que el oro cumple un papel, aunque modesto, en una cartera de inversiones bien diversificada. Pero, nuevamente, la proporción de la cartera asignada a esta categoría de activos debería guardar una relación estrecha con las restricciones del inversor en cuanto a su capacidad y actitud ante el riesgo.

Siempre es interesante tener presente la conclusión a la que llega Jeremy Siegel sobre el oro en su libro *Stocks for the Long Run*: "No resulta sorprendente que el precio del oro haya seguido de cerca la tendencia de la inflación global durante los últimos dos siglos. El precio del oro subió hasta alcanzar US$850 la onza en enero de 1980, siguiendo la rápida inflación de la década precedente. Cuando se controló la inflación, cayó el precio del oro. Un dólar de oro metálico adquirido en 1802 valía US$14,38 a fines de 2001. ¡Y, en realidad, eso es menor que la variación en el nivel general de precios! A largo plazo, el oro ofrece a los inversores cierta protección contra la inflación, pero no mucho más. Más allá de cualquier propiedad de cobertura que posean los metales preciosos, estos activos reducirán de manera considerable el retorno de la cartera del inversor a largo plazo".

Activos extranjeros. En *Fail-Safe Investing*, Harry Browne da una fuerte recomendación a los inversores: "Para que la seguridad sea completa, no deje todo lo que posee al alcance del gobierno de su país. Si tiene algunos activos fuera del país, resultará menos vulnerable, y así se sentirá. No tendrá que preocuparse tanto por las medidas que pueda llegar a tomar su gobierno".

Pero, además de la seguridad, existen otras buenas razones para invertir parte de los ahorros en activos extranjeros. Como ya vimos, a pesar de la globalización económica hay una baja correlación entre los retornos de las acciones y los bonos en los mercados extranjeros —tanto desarrollados como emergentes— y los de estos instrumentos en los Estados Unidos, con lo cual los activos extranjeros mejoran la diversificación de la cartera de inversiones. Además, dado que los inversores deben elegir una "**moneda de referencia**" *(currency of reference)*, o sea la moneda en la cual se medirán y evaluarán todas sus inversiones, la compra de activos extranjeros introduce un elemento de riesgo adicional, y una nueva oportunidad, por la constante fluctuación entre las diversas monedas del mundo.

Por ejemplo, para adquirir acciones en la bolsa de valores de París, un inversor norteamericano primero tendrá que convertir sus dólares en euros y, luego, adquirir las acciones francesas (esta transacción se efectúa simultáneamente). A partir de entonces, además de tener en su cartera otra categoría de activos (las acciones francesas), el inversor mantendrá en cartera un activo denominado en euros. Como tal, esta parte de la cartera se verá afectada por dos factores distintos: a) las variaciones en el precio de las acciones en la bolsa de París y b) las constantes fluctuaciones entre el dólar y el euro. Podría no existir correlación alguna entre estos dos factores, es decir que, en un determinado momento, el valor de las acciones francesas podría aumentar al mismo tiempo que el dólar esté apreciándose contra el euro, o viceversa. El efecto neto podría ser equivalente a la tenencia en cartera de dos categorías de activos con baja correlación.

Por último, cabe hacer una advertencia para los inversores. Básicamente, los mercados financieros internacionales se dividen en mercados desarrollados y mercados subdesarrollados o emergentes. Si bien estos últimos son definitivamente mucho más riesgosos que los primeros, no hay hasta ahora ninguna prueba concluyente de que sean menos eficientes. De más está decir que todas las recomendaciones que hacen referencia a la edad del inversor, a su capacidad y actitud con respecto al riesgo también se aplican a esta categoría de activos.

Derivados. Con anterioridad se sugirió que los inversores deberían concentrarse primero en las metas que es esencial alcanzar —la adquisición de una vivienda, la jubilación, la educación de los hijos— tal vez invirtiendo lo necesario en Títulos del Tesoro Protegidos contra la Inflación (TIPS) y en otros instrumentos seguros, a los efectos de no quedarse sin recursos disponibles y garantizar el cumplimiento de dichas metas. Pero si el inversor posee suficiente dinero en inversiones seguras, de manera que no está preocupado por el logro de metas esenciales, quizá pueda considerar la posibilidad de asumir cierto riesgo de inversión adicional. Muchos inversores —con la ayuda de un administrador financiero profesional— usan los derivados como alternativas a la inversión —o desinversión— directa en la bolsa, o en bonos. Las opciones, por ejemplo, confieren al inversor el derecho de compra o de venta de la acción subyacente —o sea la acción a la que corresponde la opción— a determinado precio —el precio de ejercicio o *strike price*— hasta una determinada fecha en que la opción expira.

Por ejemplo, en comparación con la inversión directa en acciones, la adquisición de una opción de compra *(call option)* confiere al inversor la oportunidad de una mayor rentabilidad, pues el precio de la opción representa sólo una fracción del precio de la acción subyacente. En otras palabras, si el precio de la acción subyacente sube, el inversor puede conseguir un retorno mayor al normal. Lo malo de las opciones de compra *(call options)* es que si el precio de la acción subyacente no sube, la opción expira y no vale nada, y el inversor pierde el 100% de la pequeña inversión (la prima o costo de la opción).

Si bien adquirir opciones de compra puede parecer poco arriesgado en comparación con la inversión directa en el mercado de acciones, no está exento de riesgos. Si el mercado de valores no sube o no aumenta el precio de la acción subyacente, el inversor perderá la prima pagada por las opciones cada vez que éstas expiren. A lo largo del tiempo, estos "gastos" pueden representar un monto considerable.

Utilizando los derivados, los administradores financieros profesionales pueden desarrollar decenas de "productos" financieros, cada uno con un grado diferente de complejidad y volatilidad. No obstante, se advierte a los inversores que el uso de derivados es una actividad altamente especulativa y, por lo tanto, muy riesgosa. En *Wall Street Wit & Wisdom*, Robert H. Thomas recomienda a los inversores que, para "ganar una pequeña fortuna mediante la compra de opciones, hay que comenzar a operar con una gran fortuna".

Entonces, ¿cuánto dinero debería arriesgar el inversor en derivados? Como dijimos antes, la respuesta es: sólo tanto dinero como pueda permitirse perder.

Fondos de cobertura *(Hedge funds)*. Si bien, técnicamente hablando, los fondos de cobertura son compañías de inversiones más que instrumentos de mercado, los inversores tolerantes al riesgo a veces los conciben como otra categoría de activos en una cartera de inversiones.

Como vimos, los fondos de cobertura son *pools* de inversiones privados que invierten —a veces utilizando apalancamiento crediticio o "*leverage*"— en diversas categorías de activos con el objetivo de obtener un retorno positivo, independientemente de las condiciones del mercado. En los Estados Unidos, los fondos de cobertura se clasifican en cuatro grupos principales —"discrecional" *(discretionary)*, "arbitraje de acciones" *(equity arbitrage)*, "arbitraje de renta fija" *(fixed income arbitrage)* y "*event driven plus*"— de acuerdo con su estrategia de inversión específica, cada una con un diferente grado de volatilidad y retorno esperado.

La característica básica de los fondos de cobertura es la baja correlación de sus retornos con los retornos de las inversiones en acciones y de renta fija; por ello contribuyen a reducir la volatilidad global de la cartera de inversiones.

Asignación estratégica de activos

La asignación estratégica de activos es el proceso de fijación de objetivos financieros a largo plazo y la posterior selección de las diferentes categorías de activos y de la proporción que ocuparán en la cartera, de modo que se pueda adaptar cuidadosamente el riesgo global de la cartera a la edad del inversor, su temperamento y sus circunstancias de vida particulares.

Las verdaderas preguntas sobre asignación estratégica de activos que debe formularse el inversor son las siguientes:

¿Qué proporción de activos deseo mantener seguros y líquidos? ¿Qué proporción podría arriesgar invirtiendo en el mercado de acciones para obtener un retorno mayor? ¿Qué proporción debería invertir en bienes raíces? ¿Y en oro? ¿Está la cartera bien diversificada?

Las recomendaciones que se presentan a continuación —basadas en los conceptos e ideas que se han analizado hasta aquí— solamente intentan servir de guía a los inversores para que puedan desarrollar un proceso estratégico de asignación de activos propio y personalizado.

1. Cuando los inversores son jóvenes, resulta más apropiada una cartera agresiva (de alto riesgo). Los inversores tienen mucho tiempo por delante, energía y perspectivas de ingresos futuros producto de su ocupación para recuperarse de cualquier revés financiero que puedan sufrir en el camino:

Acciones:	70%
Bonos:	20%
Bienes raíces:	5%
Efectivo:	5%

2. A medida que el inversor va envejeciendo, debe comenzar a reducir el riesgo de la cartera bajando la proporción de activos de mayor riesgo e incrementando la participación de los bonos. Hasta aquí, el principal objetivo de la cartera de inversiones debería haber sido el aumento del valor de ésta:

Acciones:	60%
Bonos:	25%
Bienes raíces:	10%
Efectivo:	5%

3. En el momento en que los inversores comienzan a pensar en su jubilación o retiro, el objetivo de su cartera de inversiones debe dejar de ser el aumento de valor para pasar a la generación de ingreso, básicamente mediante una mayor proporción de títulos de renta fija tales como los Títulos del Tesoro Protegidos contra la Inflación (TIPS):

Acciones:	50%
Bonos:	35%
Bienes raíces:	10%
Efectivo:	5%

4. Ya en la etapa en que el inversor está jubilado, la cartera debería estar compuesta principalmente por categorías de activos que generan un ingreso regular, tales como intereses y rentas o alquileres (Fondos de Inversión en Bienes Raíces o REIT). Sin embargo, una proporción mucho menor de la cartera debería seguir manteniéndose en acciones, o en algún otro activo riesgoso, para generar mayores retornos y poder hacer frente a la inflación:

Acciones:	25%
Bonos:	50%
Bienes raíces:	15%
Efectivo:	10%

Todas estas recomendaciones deben "ajustarse" al temperamento y a la tolerancia del inversor ante el riesgo. Por ejemplo, los inversores jóvenes con elevada capacidad pero conservadores y aversos al riesgo deberían bajar la proporción de acciones en su cartera inicial —véase punto 1— para adaptar el riesgo global a su personalidad. Del mismo modo, los inversores con mayor tolerancia al riesgo y un amplio horizonte temporal podrían incorporar más títulos volátiles —como los fondos de cobertura *(hedge funds)* y el oro— a las asignaciones de activos antes propuestas.

No obstante, todos los inversores deberían tener presente que, dados los resultados de la Teoría Moderna de Cartera (*Modern Portfolio Theory, MPT*), incluso una estrategia de inversión aversa al riesgo casi siempre debería tener alguna exposición, aunque sea pequeña, a categorías de activos de mayor riesgo. La asignación de activos de cartera siempre implica una elección *(trade-off)* entre riesgo y retorno. Si con el objeto de reducir el riesgo, los inversores aversos a éste reducen excesivamente la proporción necesaria de activos riesgosos, el retorno de sus carteras se verá negativamente afectado. En este contexto, y a los efectos de lograr los objetivos de largo plazo, para compensar la baja de los retornos futuros de la cartera la única opción de tales inversores será ahorrar más dinero ("Mejor práctica Nº 1: Ahorrar dinero").

Otro punto importante que el inversor debe tener en cuenta es la diversificación de monedas dentro de la cartera. Es universalmente aceptado hoy en día que una cartera bien diversificada debe contener una cierta proporción de activos denominados en monedas distintas de la que el inversor usa como moneda de referencia. Adicionalmente, si bien existe entre los especialistas un gran debate al respecto, para diseñar una correcta política de asignación de activos la cartera de inversión debe contener *todos* los activos —tangibles (viviendas, tierras, etcétera) e intangibles (financieros)— que componen el patrimonio total del inversor convertidos a la moneda de referencia.

Por último, los inversores no sólo necesitan invertir en distintas categorías principales de activos (efectivo, bonos, acciones y bienes raíces), sino también diversificar sus tenencias dentro de cada categoría. En otras palabras, cada una de las categorías de activos debería contener una variedad de diferentes títulos o activos, a los efectos de aprovechar verdaderamente los beneficios de la diversificación.

Éste es el tema al que se refiere la "Mejor práctica Nº 5: Invertir en fondos índice".

MEJOR PRÁCTICA Nº 5

Invertir en fondos índice

Una de las mejores reglas que cualquiera puede aprender en materia de inversiones es no hacer nada, absolutamente nada, a menos que haya algo que hacer. La mayoría de las personas siempre tienen que estar jugando... siempre tienen que estar haciendo algo.

JIM ROGERS

Tomemos el caso de un inversor con gran aversión al riesgo que armó una cartera bien diversificada que contiene determinadas proporciones de todas las categorías de activos, tal como se describe en "Mejor práctica Nº 4: Diversificar los activos". Asimismo, imaginemos que, en el momento en que decidió la composición de su cartera, el inversor tenía alrededor de 55 años de edad y colocó solamente un 15% de la cartera en acciones. El inversor —realmente impresionado por el desempeño de las entonces exitosísimas empresas de petróleo y telecomunicaciones— invirtió el 15% en acciones de Enron y WorldCom. Podría elaborarse un ejemplo similar para el caso de los bonos emitidos por estas empresas.

La verdad es que el 15% de la cartera de este inversor hipotético era en realidad una apuesta, pura especulación. Invertir en un par de acciones es como "poner todos los huevos en una misma canasta", no sólo porque las acciones son volátiles, sino también porque la historia de Enron y de WorldCom dista mucho de ser un ejemplo aislado en la historia de los mercados de acciones. A esta altura, los inversores deberían saber que las acciones son muy volátiles y que invertir únicamente en algunas de ellas es casi como comprar un billete de lotería. Lo mismo se aplica a los bonos corporativos y a los títulos de mercados emergentes.

El ejemplo extremo señalado muestra que, además de diversificar entre las distintas categorías de activos, es necesario diversificar dentro de cada una de ellas. Hemos visto que, como los acontecimientos económicos y políticos no afectan a todas las empresas de la misma manera, la compra o constitución de un fondo con numerosas acciones reduce el riesgo en forma sustancial. Puede obtenerse el mismo efecto en el caso de los bonos invirtiendo en un fondo que contenga muchos bonos de distintos emisores y con vencimientos diferentes.

Inversión activa e inversión pasiva

Hasta comienzos de la década de 1970, la administración de inversiones se centraba fundamentalmente en buscar al gran experto financiero o administrador de fondos comunes de inversión que supiera escoger los activos correctos en el momento oportuno. Pero para ese entonces, y en términos de los mercados de acciones, en los Estados Unidos y otros países desarrollados estaba comenzando a ser dolorosamente claro que, por definición, dado que los inversores profesionales tales como los administradores de fondos comunes de inversión y fondos de pensión eran los "propietarios" de prácticamente la totalidad de las acciones, mediante esa práctica sólo obtendrían el retorno promedio del mercado.

De hecho, para cada inversor que obtiene un retorno superior al del mercado, debe haber otro que obtiene un retorno inferior. Sólo la mitad de los inversores puede obtener un retorno superior al del inversor promedio, y el inversor promedio determina "el mercado". Ello significa que aproximadamente la mitad de los inversores que recurren a administradores de fondos activos —los que constantemente compran y venden activos de la cartera con el fin de anticiparse a los movimientos del mercado— sufre un retorno negativo en comparación con el mercado. Y éste es el mejor de los escenarios, pues no tiene en cuenta los costos de transacción ni las comisiones que cobran los administradores de fondos profesionales. En la práctica, más de la mitad de dichos inversores obtendrá un retorno inferior al de un fondo de inversión que replica un índice de activos (véase capítulo 2: "Instrumentos de inversión") pasivamente administrado (aquellos que prácticamente no realizan operaciones con su cartera de activos).

En cualquier período, siempre hay algunos administradores financieros profesionales que le ganan al mercado y otros cuyos retornos se ubican por debajo del promedio. El problema es que algunos atraviesan una buena racha durante un tiempo y obtienen un retorno superior al del mercado —por ejemplo, con relación al S&P 500— durante algunos períodos, y luego su estrella se apaga. La trayectoria histórica de un administrador financiero profesional no revela cómo será su desempeño en el futuro. De hecho, como ya vimos, muy pocos han logrado ganarle a los promedios del mercado de manera sistemática por un período prolongado. Y prácticamente ninguno lo ha logrado de manera consistente con el margen del 1% o 2% que se requiere para pagar los gastos cobrados a sus clientes.

Fondo índice *(Index fund)*

La idea de crear un fondo que compre, por ejemplo, todas las acciones que componen el índice S&P 500 en proporción a su valor de mercado se le atribuye a William Fouse, ex empleado del *Mellon Bank*. Esto podía realizarse con gastos operativos mínimos y, como en términos de capitalización el índice S&P 500 cubre prácticamente el 75% del mercado, se garantizaba que dicho fondo generaría retornos muy cercanos a los del mercado.

Así, un fondo índice es aquel que habitualmente posee todos los activos, títulos o valores de un índice determinado, por ejemplo el S&P 500. Ello significa que si el valor de un título contenido en un fondo que replica un índice aumenta o disminuye, lo mismo ocurre con la proporción de éste en el índice. Por lo tanto, siempre que los títulos permanezcan en este tipo de fondos, no se necesita una administración activa de dicho fondo debido a cambios en el valor de mercado. Ésta es la razón por la cual un fondo que imita o replica un índice puede administrarse con gastos sustancialmente menores que un fondo administrado activamente.

En síntesis, un fondo índice es un fondo común de inversión de bajo costo que simplemente compra los centenares de títulos o valores que conforman un índice determinado, por ejemplo el S&P 500, y no efectúa transacciones con el fin de un aprovechamiento oportuno de los movimientos del mercado o con el fin de seleccionar títulos ganadores.

En realidad, en los Estados Unidos y otros mercados desarrollados hay centenares de distintos tipos de fondos índices, que cubren prácticamente todas las categorías de activos tales como acciones, bonos, *commodities*, bienes raíces y mercados internacionales desarrollados y emergentes. Algunos fondos índices integrados por acciones se concentran en grandes empresas (acciones con alta capitalización bursátil o *large cap*) mientras que otros lo hacen en pequeñas empresas (acciones de baja capitalización o *small cap*). Entre los fondos que replican un índice de bonos existe una gran variedad de opciones posibles, desde los bonos del gobierno a corto plazo —incluyendo los Títulos del Tesoro Protegidos contra la Inflación o TIPS— hasta los riesgosos bonos corporativos de alto rendimiento.

También existen los muy recomendados fondos índices que contienen todos los títulos de mercado *(Total Market Index Funds)*, como el índice Wilshire 5000 en los Estados Unidos. Esta clase de fondos que replican un índice tiene una base amplia y contiene todas las acciones o bonos del mercado. Por este motivo, los fondos índice que cubren la totalidad del mercado no se ven forzados a reemplazar regularmente —por fusiones corporativas, quiebras, etcétera— a los títulos que componen sus carteras y, por consiguiente, tienden a tener costos de transacción más bajos que los fondos con una base menos amplia, como el S&P 500. Además, dado que estos últimos dejan fuera miles de acciones más pequeñas y de mayor riesgo, los fondos que replican un índice que contiene todos los títulos del mercado suelen generar mejores retornos que los fondos índices más selectivos.

Finalmente, en los Estados Unidos y en otros mercados desarrollados existe un vehículo de inversión más novedoso: los fondos negociados en bolsa *(Exchange Traded Funds, ETF). Los ETFs* son fondos índice que se negocian en los mercados de valores —la mayoría en la American Stock Exchange (AMEX)— como si fueran acciones individuales. Por esta razón, los fondos negociados en bolsa permiten a los inversores operar durante el día con gastos administrativos muy bajos. Los más populares en los Estados Unidos son el

NASDAQ 100, conocido como el *Cubes*; el *Spyder*, que se basa en el índice S&P 500, e incluso el *Total Stock Market Index ETF*, denominado *Viper*.

Los ETF parecen adecuarse mejor a inversores activos —a quienes les gusta comprar y vender títulos con frecuencia— que a inversores pasivos que invierten en fondos comunes de inversión que replican índices.

Como puede observarse, existe una extensa lista de fondos índice, tanto en los Estados Unidos como en otros países, para diferentes tipos de inversores. Una de las maneras más simples y eficaces de invertir es armar una cartera diversificada, integrada por categorías de activos con una baja correlación, cuyas proporciones en la cartera estén vinculadas al horizonte temporal, a la capacidad y a la actitud de cada inversor ante el riesgo, e instrumentada a través de fondos índice para cada categoría de activos.

Ventajas de los fondos índices

En la tercera parte "La teoría de la inversión", capítulo 12: "Nueva Tecnología de Inversión", ya describimos una de las principales ventajas de los fondos índice. La Teoría Moderna de Carteras *(Modern Portfolio Theory, MTF)* explica cómo combinar activos para obtener el máximo retorno, consistente con el riesgo que el inversor está dispuesto a asumir. Esta teoría sostiene que puede invertirse conjuntamente en activos de alto riesgo (volátiles), con baja correlación, de tal manera que la cartera resulte menos riesgosa que cualquiera de los activos individuales que la componen.

Riesgo no sistemático *(Unsystematic risk)*. Como se analizó anteriormente, la teoría detrás del Modelo de Valuación de Activos Financieros (*Capital Asset Pricing Model, CAPM*) explica qué parte del riesgo de un activo podría eliminarse por medio de la diversificación, y qué parte no. El concepto subyacente es que los mercados no compensan a los inversores por asumir riesgos que podrían eliminarse o disminuirse mediante la diversificación.

También se explicó antes que el riesgo sistemático o de mercado capta la reacción de los títulos —o de cualquier otro activo de inversión— ante fluctuaciones generales del mercado. Esto se debe a que, en cierta medida, los precios de los activos tienden a variar con los mercados. Este riesgo no puede diversificarse y debe ser administrado por el inversor.

Por otro lado, el riesgo no sistemático refleja la volatilidad de los precios de los activos que resulta de factores específicos de los distintos emisores, o de los distintos segmentos industriales del mercado. La diversificación de las inversiones puede reducir este riesgo en forma sustancial.

Los fondos que replican un índice constituyen el instrumento ideal para diversificar y reducir el riesgo, pues diversifican el riesgo no sistemático casi por completo. No obstante, los inversores aún tendrán que enfrentar el riesgo sistemático o de mercado de las diferentes categorías de activos escogidas para sus carteras, porque éste no puede eliminarse ni disminuirse mediante la diversificación. Por ejemplo, un fondo índice que replica el S&P 500 va a fluctuar junto con el mercado, aunque el riesgo asociado con cualquier acción o segmento de mercado específicos queda eliminado prácticamente por completo.

Retornos de los fondos índices. Una segunda ventaja de la inversión a través de fondos que replican un índice es que éstos casi siempre generan mejores tasas de retorno que las carteras y los fondos comunes de inversión o de pensiones administrados activamente. La diferencia en términos de retorno se debe a los mayores costos de administración y de transacción que se cobran en los fondos administrados activamente. Esto es así sobre todo porque los fondos que replican un índice cobran una fracción de lo que los fondos administrados activamente cobran a sus clientes en concepto de gastos de administración, que en los Estados Unidos pueden representar hasta un punto y medio porcentual del valor de los activos administrados.

Además, los fondos que replican un índice sólo efectúan transacciones cuando es necesario mientras que, con el objetivo de anticiparse a los movimientos del mercado y escoger los activos ganadores, los fondos activos se caracterizan por tener una tasa de rotación de la cartera elevada, incurriendo así en costos de transacción mayores. Asimismo, como los fondos índice generalmente no compran y venden activos pasando de un título a otro, tienden a ser eficientes en términos impositivos ya que permiten al inversor diferir el pago de impuestos a las ganancias de capital.

Por último, los fondos índices constituyen un buen instrumento de inversión porque simplifican el proceso de diversificación, evitando tener que elegir (literalmente) entre miles de acciones, bonos y fondos comunes de inversión disponibles en el mercado. La mayor parte de los retornos a largo plazo de cualquier cartera derivarán de la decisión de inversión más simple y más fácil de implementar: "comprar el mercado".

MEJOR PRÁCTICA Nº 6

Volver a equilibrar la cartera

Si espera seguir adquiriendo acciones a lo largo de su vida, aproveche la baja en el precio de las acciones y considérela como una forma de incorporar acciones a su cartera a un menor costo.

WARREN BUFFETT

Es altamente probable que algunas categorías de activos que integran una cartera de inversiones tengan un mejor desempeño que otras, alterando así la composición original. Para que la asignación de activos reduzca el riesgo y aumente los retornos, y a los efectos de preservar la relación entre riesgo, edad y personalidad establecida por el inversor, de vez en cuando es necesario volver a equilibrar las carteras de inversiones. Para ello, hay que vender periódicamente algunos de los activos con mejor desempeño, y utilizar los réditos de esta operación para adquirir más activos de las categorías con bajo rendimiento. En síntesis, volver a equilibrar la cartera es la práctica de mantener constante el temperamento del inversor.

Los inversores no deben confundir esta práctica, esencialmente táctica, con los ajustes estratégicos a largo plazo que deben implementarse en la composición de la cartera. Conviene implementar los ajustes estratégicos lentamente —a lo largo de muchos años— para reflejar los cambios en las proporciones de las diferentes categorías de activos que se deben producir en la cartera debido al envejecimiento del inversor (véase "Mejor práctica Nº 4: Diversificar los activos").

Mantener los activos en equilibrio

Las carteras de inversiones sufren desequilibrios en forma periódica porque los mercados fluctúan constantemente, con lo cual ciertos activos se aprecian, o deprecian, en relación con otros que también forman parte de la cartera. Esto afecta la composición estratégica de la cartera y, por consiguiente, el riesgo definido por el inversor al momento de la conformación original de la cartera.

Por ejemplo, un inversor averso al riesgo decide asignar los activos de acuerdo con un criterio conservador: un 20% de los activos en acciones y un 80% en bonos. A lo largo del tiempo, los movimientos importantes —sin considerar las pequeñas alzas o bajas de un 5%— en los mercados de acciones y bonos tienden a cambiar las participaciones iniciales de los activos en la cartera. El problema surge cuando los movimientos del mercado son significativos, por ejemplo, si los mercados de acciones suben un 10% o un 20% y los valores de los bonos permanecen inalterados. De pronto, a causa de la mayor proporción de acciones sobre bonos que generó esta variación de mercado, el inversor se encuentra con una cartera cuyo riesgo ha aumentado en forma sustancial. En cambio, si los mercados de acciones cayeran abruptamente y, al mismo tiempo, el precio de los bonos subiera como en 2002, ocurriría lo contrario.

Otra típica situación en que la cartera se alejaría del "equilibrio" planificado puede darse cuando el inversor ha invertido parte de los activos en títulos extranjeros tales como efectivo, bonos o acciones. Cuando las monedas fluctúan, se modifica la composición estratégica original de la cartera de inversiones medida en la moneda de referencia. La misma situación se aplica al caso de las inversiones en oro, que se comporta como una moneda extranjera.

Los pequeños ajustes en la mezcla de las categorías de activos es la respuesta correcta, pero no necesariamente sencilla, a las variaciones en la composición de una cartera de inversiones. Este proceso se denomina **volver a equilibrar o balancear** *(rebalancing)* y supone mantener las proporciones de activos que integran la cartera cerca de la mezcla "ideal" originalmente elegida por el inversor.

Por ejemplo, si aumenta mucho la proporción de la cartera conformada por bonos, el inversor podría comenzar a invertir todos sus nuevos ahorros en acciones. Por otro lado, si las proporciones entre las categorías de activos se apartan mucho de la asignación original, el inversor puede restaurar el equilibrio transfiriendo dinero entre los distintos activos.

La historia de los mercados, los expertos financieros y el sentido común dicen que la respuesta correcta ante la caída drástica en el precio de una categoría de activos, lejos de ser el pánico y la venta de dicho activo, es comprar más del activo depreciado. Pero este método hará que muchos inversores se sientan frustrados y teman perder aún más dinero.

La clave es mantener una perspectiva a largo plazo y recordar que el objetivo de volver a equilibrar el portfolio es restaurar el temperamento del inversor que motivó la asignación original de activos.

Es muy importante no subestimar la cuota de templanza y disciplina que se necesita para volver a equilibrar la cartera, ya que a veces implica ir "contra la corriente", hacer exactamente lo contrario a lo que hace todo el mundo con respecto a las inversiones.

Beneficios de volver a equilibrar

A fin de obtener los beneficios de una cartera diversificada y mantener alineados el riesgo y la personalidad, el inversor debe volver a equilibrar periódicamente la cartera para volver a alinear la composición de ésta con la asignación estratégica considerada como la composición objetivo.

Toma de ganancias. Primero y principal, la práctica de volver a equilibrar la cartera contribuye a aumentar el retorno de la cartera a largo plazo y, al mismo tiempo, reduce el riesgo global. Muchos asesores financieros creen que el retorno adicional generado por el reequilibrio riguroso es más importante que la reducción del riesgo que deriva de la diversificación.

Como se dijo anteriormente, armar una cartera de inversiones con activos que no se correlacionan perfectamente reduce el riesgo y aumenta el retorno. Y, como normalmente el buen desempeño de un activo está asociado con el bajo rendimiento de otro, la práctica de volver a equilibrar recomienda vender algo del activo que ha tenido buen desempeño o ha sido exitoso (vender caro o "*sell high*") y utilizar los réditos obtenidos para comprar el activo que ha tenido un mal desempeño (comprar barato o "*buy low*"). En otras palabras, a través de la práctica de volver a equilibrar el inversor "toma ganancias" del activo revaluado y compra más del activo más barato. Ningún inversor jamás perdió dinero por tomar ganancias.

Mantener el riesgo dentro de los límites. Otro aspecto mencionado de volver a equilibrar la cartera tiene que ver con mantener el riesgo global de la cartera dentro de los límites de la política de asignación de activos definida por el inversor. Como las acciones registran un retorno —y un riesgo— histórico más alto que los bonos, el no volver a equilibrar una cartera de acciones —o de cualquier otro activo de alto riesgo— y bonos con el tiempo resulta en una cartera compuesta casi en su totalidad por acciones, lo cual ubica a la combinación retorno/riesgo a un nivel más elevado que el originalmente planteado.

Comprar barato, vender caro (*Buy low, sell high*). Por último, y más importante, la práctica de volver a equilibrar la cartera genera beneficios no sólo pecuniarios sino también de índole psicológica. Como en cualquier otro negocio, para obtener ganancias de las inversiones los inversores deben aprender a comprar bajo y a vender caro. Volver a equilibrar obliga a los inversores a comprar barato y a vender caro. Pero esto sólo es posible si uno se convierte efectivamente en un "inversor que toma la posición contraria al mercado" *(contrarian)*: siempre se mueve en la dirección opuesta a la multitud. La técnica de vender cuando los mercados están eufóricos y los precios son elevados, y comprar cuando los mercados están deprimidos y los precios son bajos, requiere las agallas del jugador que —en una racha victoriosa— de pronto "toma ganancias" y abandona el casino.

Frecuencia

Finalmente, ¿con qué frecuencia debería el inversor volver a equilibrar su cartera? Según los expertos, la respuesta a esta pregunta es "una vez cada algunos años en circunstancias normales, o ante una gran variación del mercado". Otra situación que amerita volver a equilibrar rápidamente la cartera tiene lugar cuando un activo volátil —como el oro o los *commodities*— fluctúa mucho en un período corto.

Los inversores deberían tener presente que volver a equilibrar con demasiada frecuencia aumenta los costos de transacción y, por lo tanto, baja el retorno global de la cartera. Además, y aún más importante, los inversores que poseen una firme política en cuanto a la composición de su cartera, deberían mantener el curso, no entrar en pánico y evitar vender activos cuando sus precios han bajado. Los mercados en baja son una realidad en la vida.

MEJOR PRÁCTICA Nº 7

Administrar carteras

Una estrategia de inversión no tiene mucho valor si se realizan cambios constantemente debido a la falta de confianza o tranquilidad. Ésa es la diferencia entre invertir y jugar en el mercado.

PETER SKIRKANICH

Basta que uno deje las cosas libradas al azar para que de repente se le acabe la suerte.

PAT RILEY (ENTRENADOR DE BÁSQUET)

Como hemos visto, administrar una cartera supone seleccionar un grupo de categorías de activos que ayude al inversor a mejorar los retornos de la inversión y a reducir el riesgo inherente. Una cartera de inversiones diversificada eficientemente busca reducir el riesgo y de manera simultánea preservar y, de ser posible, mejorar el retorno. Esto se logra mediante la incorporación a la cartera de diferentes proporciones de títulos cuyos retornos tienen una correlación lo más baja posible.

Debido a esta característica, las categorías de activos que integran la cartera tenderán a desempeñarse de manera distinta en escenarios políticos y económicos que cambian constantemente. Los bonos pueden tener un buen desempeño en momentos de recesión y bajas tasas de interés, mientras que en ese mismo contexto las acciones pueden verse afectadas. En un entorno inflacionario, el efectivo tendrá un excelente desempeño, y lo mismo podría suceder con las acciones.

A lo largo del tiempo, las diferentes categorías de activos que componen una cartera de inversiones cambiarán constantemente de valor y, en consecuencia, también lo harán las proporciones que éstas representan dentro de la cartera. Es posible que algunas partes de la cartera sufran serias pérdidas y sólo provoquen un daño global mínimo. Es a causa de este comportamiento estructural de las carteras de inversiones diversificadas que los inversores deben administrar carteras más que categorías de activos individuales.

¿Arte o ciencia?

Una vez más, estos datos referidos a las carteras de inversiones plantean la siguiente pregunta: la inversión ¿es un arte o una ciencia? Cualquiera que haya observado a administradores financieros dotados de un talento inusual como John Templeton, George Soros, Warren Buffett y otros —que seleccionan con éxito activos individuales de manera casi intuitiva— reconocerá que la inversión supone algo de arte. Pero, para la mayoría de los inversores, la administración de carteras no es ni un arte ni una ciencia.

Charles D. Ellis describe a la administración de carteras como "un problema de ingeniería muy especial, que involucra determinar la forma más confiable y eficiente de alcanzar una meta específica, dado un conjunto de restricciones de políticas, en un mundo cambiante y marcadamente incierto, de probabilidades, de información parcial y mala información, todo ello filtrado por el prisma inexacto de la interpretación humana".

Políticas de inversión

Las limitaciones en materia de políticas a las que hace referencia Ellis son las pautas, o lineamientos, que deben establecer los inversores, considerando las realidades de los mercados de inversiones así como sus propios objetivos y tolerancia al riesgo. Las políticas de inversión deberían ser "correctas" tanto para el largo plazo como para los múltiples y difíciles períodos a corto plazo que ciertamente experimentarán los mercados. La definición de objetivos, de la asignación de activos y de la tolerancia a los riesgos es exclusiva responsabilidad del inversor, mientras que el dominio del conocimiento de las inversiones y los mercados puede compartirse con un asesor o administrador financiero, o incluso delegársele.

Cuando llega el momento de decidir la composición de la cartera de inversiones, nadie mejor que el inversor sabe cuál es su capacidad y qué tolerancia al riesgo está dispuesto a asumir. En cambio, puede delegarse a los expertos la comprensión detallada de los instrumentos de inversión y la efectiva operación de la cartera.

Es muy importante que los inversores y sus administradores financieros se pongan de acuerdo en cada uno de los siguientes puntos de la política de inversión:

1) Las categorías de activos y sus respectivas proporciones dentro de la cartera de inversiones y los instrumentos de inversión específicos (clases de bonos, acciones, fondos índices, etcétera) que integrarán cada categoría.
2) El horizonte temporal de la inversión. Como ya señalamos, el horizonte temporal de la inversión es el período a lo largo del cual la cartera se mantendrá comprometida con una política de inversión determinada, y a

lo largo del cual el inversor evaluará los resultados de inversión según sus objetivos, capacidad y tolerancia al riesgo.

3) El nivel de riesgo de mercado que se asumirá. El riesgo asumido por un inversor en general está relacionado con su edad y su personalidad.
4) El grado de especulación en activos de alto riesgo —acciones o bonos individuales, *commodities* y demás— que se incluirán en la cartera.

En una cartera bien diversificada, la **liquidez** *(liquidity)* —la capacidad para comprar o vender títulos, u otros activos de inversión, de inmediato sin modificar sustancialmente sus precios de mercado— debería considerarse una cuestión menor, en la medida en que las categorías de activos sean las apropiadas para el horizonte temporal de la cartera. Por ejemplo, si la cartera tuviera un horizonte de sólo un año, de ningún modo debería invertirse en acciones. Los instrumentos de corto plazo del mercado monetario *(money market)* serían más seguros para proteger el capital de las variaciones del mercado, a la vez que proporcionarían mejor liquidez. En los Estados Unidos y Europa, hasta la cartera de acciones más grande podría liquidarse eficientemente en el plazo de un año.

Ingresos requeridos

Desde luego, a los inversores les gustaría armar una cartera de títulos con el objetivo de ganar el retorno más alto posible, para un nivel de riesgo determinado. No obstante, como ya se analizó, sólo en retrospectiva puede configurarse una cartera con tal nivel de eficiencia, pues nadie realmente sabe con antelación cómo se comportarán en el futuro los diferentes componentes de la cartera.

Un error común es definir la política de inversión de acuerdo con los ingresos requeridos, o sea, la tasa de retorno de la cartera. La tasa de retorno que generan las carteras de inversiones eficientemente diversificadas es una consecuencia del riesgo de mercado —o riesgo sistemático— asumido, de la capacidad para sostener ese riesgo a través de los ciclos del mercado y de la habilidad para especular —y el grado de dicha especulación— en títulos de alto riesgo específicos —riesgo no sistemático— tales como acciones y *commodities*. Por lo tanto, el objetivo fundamental de la administración de inversiones es administrar el riesgo.

La tasa de retorno de una cartera de inversiones no se puede aumentar por la mera razón de que el inversor necesite más dinero para sus gastos. Los objetivos de inversión no deberían fijarse de acuerdo con los fondos que el inversor desea gastar cada año sino que, por el contrario, las decisiones de gasto deben regirse por los resultados de la inversión —los que, a su vez, derivan de las políticas de inversión—. El verdadero desafío en la administración de carteras, entonces, no es aumentar los retornos sino administrar el riesgo, asumiendo deliberadamente ciertos riesgos que, con el tiempo, conlleven mayores retornos.

Como se apuntó con anterioridad, la asignación de activos de cartera siempre implica una elección (*trade-off*) entre riesgo y retorno. Si con el objeto de reducir el riesgo, los inversores que son aversos al riesgo bajan excesivamente la proporción necesaria de activos volátiles, perjudicarán el retorno de sus carteras a largo plazo. Ello significa que, a los efectos de lograr los ingresos que requieren a largo plazo, los inversores deberán ahorrar más dinero ("Mejor práctica Nº

1: Ahorrar dinero") para compensar los menores retornos futuros de sus carteras.

Finalmente, tras establecer una cartera de inversiones bien diversificada y en su esfuerzo por aumentar los retornos, muchos inversores especulan intentando realizar un aprovechamiento oportuno de los movimientos del mercado, comprando títulos individuales, o acortando el vencimiento promedio de la cartera cuando se espera que suban las tasas de interés. Eso está bien, siempre y cuando los inversores especulen únicamente con la proporción de patrimonio que están dispuestos a perder.

Estar atento a los mercados

Como se observó antes, quizá no sea una buena idea, en especial para los inversores no profesionales, intentar anticiparse a los movimientos del mercado. No obstante, volver a equilibrar la cartera periódicamente y realizar los cambios graduales de la política de asignación de activos requiere del inversor un compromiso y una comprensión cabal de los mercados y, por consiguiente, de la economía en general.

¿Cómo marcha la economía? ¿Está mejorando o se está deteriorando la confianza de los consumidores y los empresarios? ¿Cómo está evolucionando el desempleo? ¿Qué está ocurriendo en Wall Street? ¿Cuál es el nivel actual de las tasas de interés y su evolución más probable? ¿Cuáles son las expectativas con respecto al dólar de los Estados Unidos en relación con las otras principales monedas? ¿Está la inflación controlada hasta el punto de que se producirá una deflación? ¿Qué está haciendo el Banco Central? ¿Y la Reserva Federal de los Estados Unidos? Éstas son preguntas que un inversor necesariamente debe formularse y analizar.

En el capítulo 3, "Los mercados y la economía", se describieron los diferentes escenarios económicos y sus correspondientes repercusiones en los mercados. Los inversores deben estar atentos y muy bien informados sobre lo que está sucediendo en el mundo de las inversiones. Es cierto que los inversores no quieren perder demasiado tiempo reflexionando sobre estos temas, pues de otro modo se encontrarían intentando anticiparse a los movimientos del mercado. Pero comprender la economía y las condiciones de mercado ayuda a los inversores a equilibrar periódicamente sus carteras, y a adaptar su política de asignación de activos conforme pasa el tiempo.

MEJOR PRÁCTICA Nº 8

Evaluar el desempeño

Si desea evitar la montaña rusa de la preocupación, no verifique los precios de las acciones en el periódico todos los días. ¿Con qué frecuencia verifica el valor de su vivienda?

ROBERT H. THOMAS, *Wall Street Wit & Wisdom*

Desde luego, como en cualquier otro negocio, los inversores quieren saber cuál es el rendimiento de su cartera de inversiones. Para ello existen básicamente dos indicadores distintos que los inversores deberían controlar en forma periódica.

TASA DE RETORNO REAL

Por un lado, los inversores desean saber cuánto rinde su cartera de inversiones en relación con la tasa de inflación de la economía. Su interés es aumentar, o al menos mantener, el valor de su poder adquisitivo en la moneda de referencia escogida; es por ello que deben centrarse en la "tasa de retorno real" de la cartera de inversiones. En otras palabras, lo que los inversores realmente buscan es incrementar su poder adquisitivo a través de la administración eficiente de la cartera de inversiones.

La tasa de retorno real de la cartera —para un período de tiempo determinado— se obtiene restando la tasa de inflación de la tasa de retorno nominal de la cartera para ese mismo período. Cuando se estima la tasa de retorno nominal de una cartera de inversiones, los inversores deben tener en cuenta tanto los retiros de efectivo como los depósitos efectuados durante el lapso en cuestión.

Si, en un período determinado, la tasa de retorno real de una cartera de inversiones es mayor a cero, el inversor al menos ha mantenido su poder adquisitivo. Por el contrario, si la tasa de retorno real de la cartera es negativa, el inversor ha perdido poder adquisitivo durante ese tiempo.

Caben dos consideraciones al evaluar el desempeño de una cartera mediante el método del poder adquisitivo o de la tasa de retorno real. Este método calcula la ganancia o la pérdida de poder adquisitivo solamente en términos de la moneda que el inversor utiliza para medir sus inversiones, la cual normalmente coincide con la moneda en uso en el lugar donde éste vive y consume. Una tasa de retorno real negativa de una cartera de inversiones durante cierto período, calculada en términos de la moneda base o de referencia, puede convertirse en un aumento de poder adquisitivo cuando se lo mide en términos de otra moneda.

Otra consideración que cabe tener en cuenta es que el método de evaluación de desempeño de la tasa de retorno real de la cartera solamente mide la temperatura —en un momento dado— de un mercado financiero muy complejo, dinámico y en constante cambio. Esto se debe a que, siempre y cuando la cartera de inversiones no sea liquidada (*cashed in*), o sea vendido sus activos, los poderosos mercados financieros continuarán modificando su valor una y otra vez y, en consecuencia, también variarán los retornos nominales y reales de la cartera. Asimismo, a medida que los inversores están más dispuestos a apartarse de los mercados o fondos que replican un índice y a asumir mayores riesgos —en acciones de empresas seleccionadas o *commodities*— se incrementa enormemente la dificultad de evaluar qué porcentaje del retorno de cualquier período específico se debe a la habilidad y cuánto a la suerte.

En otras palabras, la tasa de retorno real de una cartera calculada en términos de la moneda de referencia para un período determinado no brinda información alguna sobre las debilidades y virtudes de las políticas de inversión desarrolladas por los inversores. La pregunta "¿cuál fue la tasa de retorno real obtenida este año?" no resulta útil en absoluto.

Políticas de inversión

Sin embargo, pueden extraerse conclusiones más importantes a partir de la evaluación del desempeño de las políticas de inversión desarrolladas por el inversor. Habiendo establecido políticas de inversión claras, los inversores poseen un conjunto de objetivos bien definidos que son realistas en el contexto del mercado, y adecuados a su propio horizonte temporal y nivel de tolerancia al riesgo. El desempeño operativo de la cartera debe medirse y evaluarse mediante la comparación directa con estas políticas de inversión.

Por ejemplo, sería injusto —y engañoso— intentar una evaluación del desempeño de una cartera de inversiones comparando su rendimiento con los de otras carteras con un riesgo global o un horizonte temporal muy distintos. Dicho de otro modo, sería más eficiente comparar los resultados de una cartera con los de otras con una misión similar: carteras conservadoras con carteras conservadoras, carteras agresivas con carteras agresivas, y así sucesivamente. Otra manera eficiente de evaluar el desempeño de las políticas de inversión seleccionadas por el inversor es comparar el rendimiento de su cartera con los de los índices globales de mercado como el índice Wilshire 5000 de los Estados Unidos.

Frecuencia

Los administradores y asesores financieros profesionales realmente pueden proporcionar mucha ayuda e información a los inversores para el proceso de evaluación del desempeño de sus carteras de inversiones. Ocasionalmente, quizás una vez cada tres o cuatro años, sería apropiado realizar un análisis profundo y completo de las necesidades y políticas de inversión del inversor.

El principal problema de evaluar el desempeño de la cartera con mucha frecuencia es que ello tiende a estimular a los inversores a concentrarse en los resultados a corto plazo —el pensamiento a corto plazo es el enemigo número uno del éxito a largo plazo en materia de inversiones— y a no pensar en la política a largo plazo. Esta conducta puede ocasionar que las políticas se orienten según los resultados a corto plazo, induciendo a los inversores a reducir el riesgo de cartera con posterioridad a un resultado adverso, y a incrementar el riesgo tras resultados recientes favorables. Como se señaló en la práctica de volver a equilibrar la cartera, si hay que modificar el nivel de riesgo de la cartera sería mejor hacerlo en la dirección contraria: reducir el riesgo después de un resultado positivo e incrementarlo tras un resultado adverso.

MEJOR PRÁCTICA Nº 9

Minimizar el pago de impuestos

En este mundo no hay nada seguro salvo la muerte y los impuestos.

BENJAMIN FRANKLIN

No hacer nada mientras se pierde una ganancia sustancial sencillamente por eludir el pago de impuestos es una tontería.

ROBERT H. THOMAS, *Wall Street Wit & Wisdom*

Como en cualquier otro negocio, los inversores deberían intentar minimizar los impuestos que pagan sobre sus inversiones aprovechando todos los incentivos impositivos establecidos para estimular a las personas a ahorrar. Por la matemática del interés compuesto, gastar regularmente en comisiones e impuestos, aunque sea una fracción pequeña, puede influir en forma significativa sobre la riqueza final a largo plazo.

Los impuestos reducen los retornos de inversión y cada inversor tiene una situación impositiva particular. Se recomienda a los inversores contratar un consultor especializado en materia impositiva para que los ayude a comprender el sistema impositivo de su lugar de residencia, y poder así planificar sus inversiones de manera eficiente.

Teniendo en cuenta la imposibilidad de definir una receta genérica que se aplique a todos los inversores, una estrategia impositiva eficiente está diagramada para obtener fondos de inversión adicionales mediante la elusión y/o reducción legal del pago de impuestos. Esencialmente, una parte importante de la estrategia impositiva global debería considerar el hecho de que, en la mayoría de los países del mundo, los inversores no pagan ningún impuesto sobre el dinero invertido en un plan de jubilación de tipo privado hasta el momento en que efectivamente se jubilan y comienzan a utilizar ese dinero. Para ese entonces, la mayoría de los inversores suelen estar en un tramo bajo de la escala impositiva *(tax bracket)*. Incluso si éste no fuera el caso, al menos habrían logrado postergar por muchos años el pago de impuestos sobre los ahorros para su jubilación.

Para la mayoría de las personas, no existe ninguna buena razón para pagar impuestos sobre el ingreso derivado de las inversiones que realizan en concepto de aportes de jubilación. Con excepción del inversor extremadamente rico, casi todos los inversores pueden consolidar un gran patrimonio minimizando los impuestos pagados sobre sus inversiones mediante la compra de una vivienda y la colocación de sus ahorros, si esto es posible, en cuentas individuales de jubilación —como las *Individual Retirement Accounts, IRA* que existen en los Estados Unidos— y en una variedad de planes de jubilación *(pension plans)* o seguros de retiro de diferentes tipos.

Primera estrategia impositiva

Como ya vimos, una de las primeras inversiones que la gente joven debería realizar es comprar su vivienda propia en lugar de alquilar. Más allá de la enorme satisfacción que esto genera a las personas, y del hecho de que las obliga a ahorrar, también presenta una serie de ventajas impositivas. La posesión de una vivienda, además de ser un refugio confiable contra la inflación, es probablemente una de las mejores estrategias de inversión e impositiva disponibles.

A los efectos de estimular la adquisición de la vivienda propia, muchos gobiernos en todo el mundo han proporcionado a los propietarios dos grandes exenciones impositivas *(tax breaks)*. En primer lugar, los dos gastos más grandes asociados con la posesión de una vivienda —los pagos de intereses sobre hipotecas y los impuestos a la propiedad— suelen ser totalmente deducibles de impuestos. Asimismo, en los Estados Unidos y otros países del mundo, las ganancias de capital en el valor de una vivienda están exentas de impuestos hasta montos relativamente elevados.

Planes de jubilación privada

Existe una tendencia universal a reformar los sistemas jubilatorios con el objetivo de inducir un aumento del ahorro y generar una mayor responsabilidad de las personas con relación a su futuro. Los sistemas jubilatorios —muchos de ellos mixtos, una parte aportada por el Estado y otra por los particulares— comienzan a ofrecer una variedad de instrumentos para el ahorro con diferimiento de impuestos. Uno de los mejores ejemplos son las cuentas individuales de jubilación en los Estados Unidos *(Individual Retirement Accounts, IRAs)*.

Las cuentas individuales de jubilación son planes de jubilación muy simples, especialmente para las personas con un ingreso moderado, porque ellos pueden deducir todos sus aportes anuales del impuesto a las ganancias. Pero incluso quienes obtienen ingresos relativamente altos se benefician del hecho de que no se pagan impuestos de ninguna índole sobre las ganancias provenientes de los fondos depositados en una cuenta individual de jubilación.

Si bien en última instancia las ganancias retiradas de estas cuentas con pagos de impuestos diferidos serán gravadas, la postergación de impuestos por veinte o veinticinco años constituye una enorme ventaja monetaria para estas cuentas individuales de jubilación.

Por otro lado, desde hace tiempo existen en muchos países los denominados planes de pensión y seguros de retiro.

Por ejemplo, en los Estados Unidos, los planes de jubilación *(pension plans)* más populares los proveen los principales empleadores del sector privado como del sector público: el 401(k) lo ofrece la mayoría de las empresas y el 403(b) las instituciones educativas. La gran ventaja de estos planes para el ahorro y la inversión reside en que los fondos se deducen automáticamente del recibo de salario. Asimismo, muchas empresas ofrecen planes donde hacen un aporte igual o similar al del empleado, multiplicando así los ahorros. Como en el caso de las cuentas individuales de jubilación, los aportes a los planes de jubilación y seguros de retiro no se consideran ingresos gravables.

A modo de ejemplo de lo que está sucediendo en el mundo, el Congreso de los Estados Unidos ha creado un plan de jubilación para profesionales independientes —contadores, médicos, diseñadores, agentes inmobiliarios— denominado el Plan Keogh. Este programa permite a quienes trabajan por cuenta propia aportar a la jubilación hasta un 25% de sus ingresos, con un límite anual de US$30.000. Los fondos invertidos en el Plan Keogh son deducibles de los ingresos imponibles y las ganancias se gravan únicamente al ser retiradas.

En los Estados Unidos, los fondos invertidos en planes de jubilación así como también en cuentas individuales de jubilación *(Individual Retirement Account, IRAs)* pueden invertirse en una amplia variedad de instrumentos, tales como fondos comunes de inversión *(mutual funds)*, acciones, bonos y otras categorías de activos. Cualquier compañía administradora de fondos comunes de inversión, institución de ahorro o un operador bursátil por cuenta propia *(dealer)* puede realizar los trámites por el inversor y ofrecerle diversos planes.

Se recomienda enfáticamente a los inversores hacer un profundo análisis del sistema jubilatorio —y de las oportunidades impositivas que brinda— del país donde residen y tributan impuestos.

Otras estrategias impositivas complementarias

Siempre que sea posible, los inversores deberían canalizar su ahorro hacia algún tipo de instrumento de inversión exento del pago de impuestos similar a los ya señalados. Si bien en los Estados Unidos los inversores no pueden disponer de los fondos de la cuenta individual de jubilación ni del Plan Keogh sin pagar una especie de multa a menos que ya tengan cincuenta y nueve años y medio de edad o estén discapacitados, las ventajas de combinar ahorros libres de impuestos y postergar pagos impositivos superan ampliamente a las penalidades aplicadas.

Como se comentó anteriormente, la administración activa de una cartera de inversiones —o sea la constante compra y venta de títulos— que busca aprovechar los movimientos del mercado y obtener beneficios de las variaciones en los precios no sólo suele ser un ejercicio fútil sino que, además, en la medida en que resulta rentable, genera ganancias de capital que en muchos países están sujetas al pago de impuestos. La estrategia de inversión propuesta, basada en la compra y el mantenimiento de una cartera diversificada ajustada a las características específicas de cada inversor, permitirá reducir los gastos de corretaje, costos de transacción e impuestos. Ya hemos visto que los fondos índices no negocian constantemente sus títulos y, por consiguiente, minimizan la realización anticipada de ganancias de capital.

Para ciertos inversores ubicados en un tramo alto de la escala impositiva *(tax bracket)*, con parte de sus ahorros invertidos fuera de fondos de jubilación en cuentas gravables, en los Estados Unidos y en muchos otros países existen fondos monetarios *(money market funds)* y fondos de bonos exentos del pago de impuestos.

En muchos países es posible optar por otra estrategia para minimizar el pago de impuestos. Ésta consiste en el uso de las anualidades con pago de impuestos diferidos o seguros de retiro *(tax-deferred annuities)*. Una anualidad de este tipo consiste en un contrato entre un inversor y una compañía aseguradora instrumentado mediante pagos regulares efectuados a lo largo de un período determinado. Los fondos depositados acumulan un interés cuyo pago de impuestos está diferido y, en un momento posterior, el dinero se retira regularmente. También existen anualidades variables, por lo general invertidas en fondos de acciones. Al igual que en el caso del Plan Keogh y de la cuenta individual de jubilación, en los Estados Unidos y en otros países, quienes invierten en anualidades no pagan el impuesto a las ganancias sobre los dividendos, los intereses ni las ganancias devengadas durante el período de acumulación.

Los impuestos constituyen una consideración financiera crucial, pues el pago anual de impuestos a las ganancias y/o la temprana realización de ganancias de capital reduce sustancialmente los retornos netos de los inversores. La consulta a un asesor impositivo cada algunos años puede resultar una inversión muy rentable.

MEJOR PRÁCTICA Nº 10

Controlar la ansiedad

La timidez producto de los fracasos pasados lleva a los inversores a perder las oportunidades más importantes de los mercados en alza.

WALTER SCHLOSS

"El mayor obstáculo al éxito en sus inversiones lo está mirando fijamente desde el espejo", sostiene William J. Bernstein en *The Four Pillars of Investing.*

Como sucede habitualmente en cualquier actividad humana, la inteligencia por sí sola no es suficiente para ser un inversor exitoso, pues esto requiere, entre otras cosas, la comprensión de los conceptos básicos y una clara definición de objetivos y políticas; pero sobre todo requiere determinación y disciplina por parte del inversor para atenerse a una estrategia de inversión predefinida, a pesar de las constantes fluctuaciones de los mercados. Sin embargo, como muchos inversores saben, esto no es muy sencillo de lograr.

Teoría del Comportamiento Financiero *(Behavioral finance)*

La principal premisa de la ciencia económica es que las personas siempre toman decisiones racionales para satisfacer sus propios intereses. De hecho, la Teoría de los Mercados Eficientes se desarrolló sobre la base del supuesto de que los participantes del mercado son racionales. La realidad es que los inversores no siempre toman decisiones racionales.

Durante los últimos veinte años, personas como Daniel Kahneman, ganador del Premio Nobel en el año 2002, han desarrollado una disciplina conocida como **Teoría del Comportamiento Financiero** *(behavioral finance)*, que estudia cómo la naturaleza humana induce a los inversores a tomar decisiones financieras y económicas irracionales. Esta teoría sostiene que las decisiones de muchos inversores se ven fuertemente influidas por características del comportamiento humano, como la atracción por las modas, la aversión al riesgo e incluso el entretenimiento.

Numerosas personas que profesan el credo de la Teoría del Comportamiento Financiero sostienen que esas características pueden conducir a patrones predecibles de fluctuación en los precios de los activos y los inversores pueden hacer uso de ellas para desarrollar políticas de inversión exitosas. En otras palabras, si los inversores no siempre toman decisiones de inversión racionales y al hacerlo incrementan la ineficiencia del mercado, como durante la fiebre de inversión en Internet que se desató en la década de 1990, aumentan las probabilidades de que ciertos inversores astutos desarrollen y pongan en práctica una estrategia activa y exitosa y logren ganar rendimientos superiores a los del mercado.

La realidad es que, como demuestran los centenares de estudios llevados a cabo para probar que los mercados son predecibles, los mercados pueden comportarse de manera no racional a corto plazo, pero a largo plazo siempre terminan siendo racionales. Ninguna persona ni ninguna técnica ha sido capaz de predecir en forma regular la dirección que el mercado tomará en el futuro.

Comprender la vulnerabilidad psicológica de los seres humanos puede ayudar a los inversores a evitar errores de inversión extremadamente comunes.

Modas

En el ámbito de las inversiones, las modas pueden ser peligrosas. Es fácil olvidar lo ocurrido a mediados de la década de 1990, cuando todos decidieron que lo mejor era poseer acciones de las empresas de Internet. Sus precios se elevaron hasta las nubes, con lo cual se redujeron los retornos futuros de sus acciones. El aumento de precios continuó hasta que unos pocos valientes y astutos inversores decidieron que los elevadísimos precios de las acciones no tenían fundamento sólido, y decidieron vender sus acciones. El mismo fenómeno tuvo lugar con los bienes raíces, el oro y las acciones japonesas en la década de 1980. En todos los casos, la caída fue dura.

Es muy probable que un título, o cualquier otra categoría de activos que sea tema de conversación, esté sobrevaluado por la simple razón de que ya lo compraron demasiados inversores. Los precios de ciertos activos pueden subir sólo cuando hay una gran cantidad de compradores dispuestos a comprar dichos activos en el futuro. Además, nadie puede anticiparse a los movimientos del mercado de manera sistemática a lo largo de los años, y de nada sirve contar con información que todos conocen.

En los momentos en que todos invierten en un determinado tipo de título o categoría de activos, los inversores deberían atenerse a sus políticas predefinidas, volver a equilibrar periódicamente su cartera y hacer un verdadero esfuerzo para evitar caer en la tentación de seguir a las masas.

Exceso de confianza

Sin duda, el exceso de confianza tiene algunas enormes ventajas en muchas actividades humanas, pero no en el mundo de las inversiones. Es uno de los errores de comportamiento más graves que puede cometer un inversor.

Muchos inversores, en particular los profesionales, tienen un exceso de confianza en su habilidad para seleccionar las mejores acciones, bonos o fondos comunes de inversión en los cuales invertir para ganarle al mercado. Ningún inversor o fondo común de inversión lo ha logrado en forma regular. La selección de títulos o fondos comunes de inversión sobre la base del desempeño pasado no es una práctica útil.

Pero como explicamos precedentemente, por su misma definición, el inversor promedio debe obtener el retorno de mercado menos los costos de transacción y gastos administrativos, con lo cual no se logra un retorno por encima del promedio. Es imposible que, siempre, todos los inversores obtengan un retorno superior al de mercado. Sólo los Warren Buffet, los Soros y los Templeton de este mundo pueden hacerlo. Los inversores que compran y venden los títulos de la cartera con frecuencia obtienen invariablemente menores retornos que aquellos inversores que compran y mantienen sus activos en cartera *(buy-and-hold investors)* y que tienen una cartera bien diversificada y una clara estrategia de inversión a largo plazo.

Aversión a la pérdida

En el estado de naturaleza en que vivían nuestros antepasados hace miles de años, la supervivencia requería de la habilidad para concentrarse en los riesgos del momento más que en capacidades estratégicas a largo plazo. Pero en las sociedades modernas, en especial en el mundo de las inversiones, la concentración visceral en el corto plazo tiene relativamente poco valor.

En la Teoría del Comportamiento Financiero se denomina a esta característica humana —el concentrarse en los peligros del momento— como **"aversión miope a las pérdidas"** *(myopic loss aversion)*. Este temor a una pérdida a corto plazo —una reliquia de la evolución humana— es lo que causa en los inversores más dolor cuando de pronto —y quizá momentáneamente— pierden el 20% de su patrimonio que cuando se enfrentan a la posibilidad más dañina de no alcanzar sus metas de inversión a largo plazo.

La aversión miope a las pérdidas también es lo que induce a los inversores a "limitar las pérdidas" *(cut losses)* de inmediato ante una variación negativa del mercado, y en consecuencia a abandonar sus estrategias de inversión a largo plazo. Existen sólo dos buenas maneras para combatir casos graves de aversión miope a las pérdidas. Una es evaluar el desempeño de la cartera lo más esporádicamente posible —como hacen los propietarios con respecto al valor de sus viviendas— y la otra es mantener una gran proporción de efectivo en la cartera de inversiones.

La mayoría de los inversores experimentan gran ansiedad cuando enfrentan pérdidas repentinas e importantes en el valor de la cartera, sobre todo por no haber previsto que estas cosas de hecho ocurren y son parte de la larga historia de los mercados financieros. Sólo conociendo su propia personalidad y la naturaleza de las inversiones y de los mercados financieros puede un inversor desarrollar y poner en práctica estrategias de inversión apropiadas para lograr objetivos de inversión realistas y pertinentes a lo largo del tiempo.

Como en tantas otras esferas de la vida, poner en práctica estrategias de inversión es mucho más difícil que planificarlas, pues los inversores tienen que lidiar con las fuerzas más primitivas de la naturaleza humana. Pero, incluso leves mejoras en el control de la ansiedad pueden permitirles a los inversores lograr un rendimiento mucho mayor en sus inversiones.

En el prefacio a la cuarta edición de *El inversor inteligente (The Intelligent Investor)*, de Benjamin Graham, Warren E. Buffet escribe: "para invertir exitosamente a lo largo de la vida, no se requiere un coeficiente intelectual (IQ) estratosférico, una agudeza inusual para los negocios, o información privilegiada. Lo que se necesita es un marco intelectual sólido para poder tomar decisiones y la habilidad de impedir que las emociones dañen ese marco". La paciencia neutraliza el riesgo, y es mucho más importante que el intento de anticipar los movimientos del mercado.

Consideraciones finales

Siempre habrá mercados en alza seguidos de mercados en baja seguidos de mercados en alza.

JOHN TEMPLETON

Comencé este libro diciendo: "Los ingenieros —y también los médicos— se divierten, generalmente, con la confusión que ocasionan en otras personas cuando se juntan a conversar entre ellos en su jerga técnica. Nadie puede comprenderlos, y ellos lo saben. Lo mismo ocurre con los banqueros de inversión y administradores financieros profesionales".

Espero que, a esta altura, el lector de este libro sienta que se encuentra mucho mejor posicionado, no sólo para comprender la jerga y los conceptos de la inversión financiera sino también para asumir la completa responsabilidad de la administración de sus propios ahorros y para seguir ampliando los conocimientos requeridos para realizar esta tarea con éxito.

Se atribuye a Albert Einstein el dicho de que en las ciencias físicas todo debe reducirse a su expresión más simple. Los conceptos y las mejores prácticas explicadas en este libro son esencialmente simples y, en su mayoría, de pleno sentido común. Si existe una filosofía básica de la actividad de inversiones que deseo que los inversores internalicen como resultado de la lectura de *No le tema a Wall Street* es que riesgo y retorno se encuentran inextricablemente ligados, y que deben concentrarse en estrategias a largo plazo que le permitan al tiempo, a la capitalización y a las idas y venidas de los mercados hacer su trabajo mágico.

También es importante tener presente que las cosas rara vez resultan como esperamos y que muchos inversores pagan cara su fe de que es posible conocer el futuro. Del mismo modo, es crucial recordar que los mercados son más inteligentes que cualquier inversor, incluso más inteligentes que los expertos financieros.

Por último, vale la pena citar una reflexión de Charles D. Ellis que sintetiza los hechos, los conceptos y las estrategias que se estudian en este libro: "Cierto nivel de pérdida es una realidad cotidiana: los precios de las acciones suben y bajan a diario. La inflación corroe el valor del poder adquisitivo de las inversiones día a día. El desafío —y la oportunidad— es nunca perder demasiado."

Bibliografía

Para aquellos inversores a los que les gustaría profundizar la lectura sobre inversiones —y creo fuertemente que deberían hacerlo—, se presenta aquí un listado de diez autores que encontré extremadamente agradables y muy valiosos:

1. Burton G. Malkiel, *A Random Walk Down Wall Street,** Norton & Co., 1999.

— *The Random Walk Guide to Investing*, Norton & Co., 2003.

— *Global Bargain Hunting*, con J. P. Mei, Simon & Schuster, 1998.

2. William J. Bernstein, *The Intelligent Asset Allocator*, McGraw-Hill, 2001.

— *The Four Pillars of Investing*, McGraw-Hill, 2002.

3. Charles D. Ellis, *Investment Policy*, Irwin, 1993.

— *Winning the Loser's Game*, McGraw-Hill, 2002.

4. Zvi Bodie, *Investments*, con Alex Kane y Alan J. Marcus, McGraw-Hill/Irwin, 2002.

— *Worry-Free Investing*, con Michael J. Clowes, Prentice Hall, 2003.

5. Jeremy J. Siegel, *Stocks for the Long Run*, McGraw-Hill, 2002.

6. Benjamin Graham, *The Intelligent Investor,** HarperBusiness Essentials. 1973-2003.

7. John C. Bogle, *John Bogle on Investing*, McGraw-Hill, 2001.

8. Roger G. Ibbotson, *Global Investing*, con Gary P. Brinson, McGraw-Hill, 1993.

9. Charles P. Kindleberger, *Manias, Panics, and Crashes*,* Wiley, 2000.

10. Harry Browne, *Fail-Safe Investing*, HarryBrowne@HarryBrowne.org, 2003.

La mayor parte de las referencias y los axiomas presentados en el libro fueron extraídos de *Wall Street Wit & Wisdom*, de Robert H. Thomas.

Hay traducción al español:

* Burton G. Malkiel, *Un paseo aleatorio por Wall Street*, Alianza, 1999.
* Benjamin Graham, *El inversor inteligente*, Open Project, 1999.
* Charles P. Kindleberger, *Manías, pánicos y cracs*, Ariel, 1991.

Glosario de términos

ACCIÓN *(STOCK)*. Participación en la propiedad o capital social de una empresa organizada en forma de sociedad, de acuerdo con el número de acciones que se posee.

ACCIÓN DE VALOR O RIESGOSA *(VALUE STOCK)*. Véase *Características de las acciones.*

ACCIÓN ORDINARIA *(COMMON STOCK)*. Un título representativo de la participación en la propiedad de una compañía, que incluye el derecho al voto y la posibilidad de percibir dividendos según la participación proporcional que se tenga en la propiedad de la empresa.

ACCIÓN PREFERIDA *(PREFERRED STOCK)*. Acciones de una empresa que, en general, no confieren derecho al voto *(nonvoting shares)*. Acción que tiene prioridad sobre la acción ordinaria en el reparto de dividendos. El dividendo no se pagará a las acciones ordinarias a menos que se haya pagado a todas las acciones preferidas. La tasa de dividendo de las acciones preferidas normalmente se fija en el momento de la emisión, y puede ser fija o variable. Existen muchas variedades de acciones preferidas y cambian de país a país.

ACCIONES DE CRECIMIENTO *(GROWTH STOCK)*. Véase *Características de las acciones.*

ACEPTACIÓN BANCARIA *(BANKERS ACCEPTANCE)*. Instrumento financiero que, normalmente, es una letra de cambio aceptada por un banco. Al aceptar la letra, el banco asume el compromiso de pago al vencimiento, conforme las condiciones establecidas.

ACTIVO DERIVADO *(DERIVATIVE ASSET)*. Activo cuyo valor depende o está sujeto al valor de un activo principal —denominado activo subyacente—, como los bonos y las acciones. Las opciones y los futuros son ejemplos de activos derivados.

ACTIVOS FINANCIEROS *(FINANCIAL ASSETS)*. Derechos sobre el ingreso generado por activos reales o por los gobiernos. Las acciones y los bonos constituyen buenos ejemplos de activos financieros.

ACTIVOS REALES, ACTIVOS FINANCIEROS *(REAL ASSETS, FINANCIAL ASSETS)*. Los activos reales son la tierra, los edificios y los equipos utilizados para la producción de bienes y servicios. Los activos financieros son derechos sobre el ingreso generado por los activos reales.

ADMINISTRACIÓN DE CARTERA *(PORTFOLIO MANAGEMENT)*. Se refiere al proceso de inversión o armado de una cartera de activos de acuerdo con las políticas, necesidades y preferencias de riesgo del inversor, y con el monitoreo y la evaluación de desempeño de dicha cartera.

ADMINISTRACIÓN PASIVA *(PASSIVE MANAGEMENT)*. Estrategia de inversión ligada a un índice de mercado amplio que no intenta el aprovechamiento de los movimientos del mercado y la selección de los mejores activos individuales.

ALTA CAPITALIZACIÓN *(LARGE CAP)*. Véase *Características de las acciones.*

ANÁLISIS FUNDAMENTAL *(FUNDAMENTAL ANALYSIS)*. Técnica basada en el supuesto de que todos los activos poseen un "valor intrínseco". Por ejemplo, los valores de las acciones dependen de las ganancias y de los dividendos esperados, de la expectativa con respecto a las tasas de interés futuras, y de la evaluación de riesgo de la firma. El análisis fundamental se basa en el estudio de las perspectivas del emisor del título.

ANÁLISIS TÉCNICO *(TECHNICAL ANALYSIS)*. Práctica que busca detectar e interpretar patrones de comportamiento en los precios históricos y volúmenes comercializados de los activos con el propósito de predecir sus precios futuros.

APALANCAMIENTO *(LEVERAGE)*. Inversión a través de la toma de una deuda (el dinero prestado constituye una parte de la inversión); por lo tanto, se obtiene una ganancia no sólo sobre el propio dinero del inversor sino también sobre el dinero que le ha sido prestado. Dicho de otro modo, el apalancamiento financiero es la utilización de deuda para aumentar la rentabilidad esperada del capital propio. El apalancamiento financiero se mide como la relación entre deuda y deuda más capital propio.

APROVECHAMIENTO OPORTUNO DE LOS MOVIMIENTOS DEL MERCADO *(MARKET TIMING)*. La práctica de estar invertidos en acciones, bonos u oro durante mercados en alza y de vender y hacerse de efectivo cuando los precios comienzan a caer. Anticiparse a los movimientos del mercado comprando a precios bajos y vendiendo a precios altos.

ARBITRAJE *(ARBITRAGE)*. Práctica que busca beneficios aprovechando la diferencia de precios de un activo en distintos mercados comprando y vendiendo en forma simultánea.

ASIGNACIÓN ESTRATÉGICA DE ACTIVOS *(STRATEGIC ASSET ALLOCATION)*. Véase *Política de asignación de activos*.

AVERSIÓN MIOPE A LA PÉRDIDA *(MYOPIC LOSS AVERSION)*. Los académicos que siguen la teoría del comportamiento financiero, llamados "conductistas" *(behavioralists)*, denominan a la característica humana —el concentrarse en los peligros del momento— como "**aversión miope a las pérdidas**" *(myopic* *loss aversion)*. Este temor a una pérdida a corto plazo —una reliquia de la evolución humana— es lo que causa en los inversores más dolor cuando de pronto —y quizá momentáneamente— pierden el 20% de su patrimonio que cuando se enfrentan a la posibilidad más dañina de no alcanzar sus metas de inversión a largo plazo.

BAJA CAPITALIZACIÓN *(SMALL CAP)*. Véase *Características de las acciones.*

BANCOS DE INVERSIÓN *(INVESTMENT BANKS)*. Instituciones que brindan asesoramiento a nivel mundial a empresas y gobiernos que emiten títulos en temas tales como las condiciones de mercado, las tasas de interés y los precios de los títulos que desean colocar en el mercado. Es muy común que los bancos de inversión se encarguen del proceso completo de emisión y, también, de la administración (recolección, pago de intereses y dividendos, etcétera) de los títulos de sus clientes. Ejemplos de este grupo de expertos financieros son los bancos de inversión Merrill Lynch y Citigroup Smith Barney.

BETA. Es la medida del riesgo sistemático de un activo. Es un índice normalizado alrededor de 1: los títulos con betas mayores a 1 se consideran de alto riesgo o "agresivos", mientras que aquellos con un valor menor a 1 se conocen como "defensivos".

BLUE CHIP. Término empleado en referencia a títulos de una empresa líder.

BOLSA DE VALORES *(STOCK EXCHANGE)*. Mercado secundario donde acciones ya existentes son negociadas por sus miembros.

BOLSA DE NUEVA YORK *(NEW YORK STOCK EXCHANGE, NYSE)*. Mercado de acciones que opera con corredores o cambistas en el recinto para negociar acciones principalmente de grandes empresas.

BOND INDENTURE. Véase *Bono.*

BONO *(BOND)*. Título emitido por un prestatario por el que se obliga a realizar pagos específicos al tenedor a lo largo de un período determinado, habitualmente mayor a un año. El emisor realiza pagos de interés —denominados pagos de cupón— a lo largo de la vida del bono, y repaga el valor nominal del título a su vencimiento. Se llama **bond indenture** al contrato entre el emisor y el tenedor del bono. La tasa de interés nominal, la fecha de vencimiento y el valor nominal del bono son parte del mismo.

BONO BASURA *(JUNK BOND)*. Deuda con calificación inferior a una obligación de inversión con grado de inversión. Bono de baja calidad —con calificación Ba / BB o inferior— con un riesgo de incumplimiento *(default risk)* mayor al de una obligación calificada con grado de inversión *(investment-grade bond)*.

BONO CON CALIFICACIÓN O GRADO DE INVERSIÓN *(INVESTMENT-GRADE BOND)*. Bono de alta calidad.

BONO CONVERTIBLE *(CONVERTIBLE BOND)*. Bono que puede ser convertido en un número especificado de acciones ordinarias de la empresa, a opción del tenedor.

BONO CORPORATIVO *(CORPORATE BOND)*. Deuda emitida por empresas del sector privado que habitualmente paga cupones semianuales y el valor nominal o principal del bono al vencimiento.

BONO DE ALTA CALIDAD *(HIGH-QUALITY BOND)*. Bonos emitidos por la mayoría de las empresas líderes (*blue chips*); se denominan bonos de alta calidad porque sus emisores no incumplirían con sus obligaciones.

BONO DE ALTO RENDIMIENTO *(HIGH-YIELD BOND)*. Bono de baja calidad, usualmente sinónimo de bono basura.

BONO DE CUPÓN CERO *(ZERO-COUPON BOND)*. Bono que no paga interés. En este caso, los inversores no perciben ningún pago de interés, sólo reciben el valor nominal en la fecha de vencimiento. Estos bonos se emiten con un descuento —un precio por debajo del valor nominal— y el retorno del inversor radica únicamente en la diferencia entre el precio de emisión y el valor nominal que se percibirá al vencimiento.

BONO DE TASA VARIABLE O FLOTANTE *(FLOATING-RATE BOND)*. Bono cuya tasa de interés se reestablece periódicamente de acuerdo con una tasa de mercado específica.

BONO REDIMIBLE O DE RESCATE ANTICIPADO *(CALLABLE BOND)*. Bono que el emisor puede recomprar o redimir antes de su vencimiento a un precio estipulado y luego volver a emitir a una tasa de interés menor.

BONO SIN GRADO DE INVERSIÓN *(NONINVESTMENT-GRADE BOND)*. Véase *Bono basura.*

BONOS DE PAGO ANTICIPADO *(CALLABLE BONDS)*. Véase *Bono redimible o de rescate* anticipado.

BONOS DEL TESORO *(TREASURY BOND)*. Títulos del Tesoro de los Estados Unidos —o de otros países desarrollados— emitido por períodos de entre diez y treinta años.

BONOS MUNICIPALES Y PROVINCIALES O ESTADUALES *(MUNICIPAL BONDS, MUNI-BOND)*. Bonos, en muchos casos exentos del pago de impuestos, emitidos por provincias o estados y por gobiernos locales o municipales.

BURBUJA *(BUBBLE)*. Artificialmente, los inversores inducen a una suba exagerada de los precios de los activos de inversión, creando lo que se conoce como una burbuja.

CALL. Véase *Opción de compra.*

CAPACIDAD DE PERMANENCIA *(STAYING POWER)*. Véase *Horizonte temporal.*

CAPITAL DE UN BONO *(PRINCIPAL)*. El valor nominal de un bono.

CAPITALIZACIÓN *(COMPOUNDING)*. Reinversión de los ingresos devengados (intereses, alquileres, incrementos de capital, etcétera) para obtener nuevos ingresos. Así, se obtiene un retorno no sólo sobre el monto de la inversión original, sino también sobre el rendimiento acumulado. En otras palabras, capitalizar es la obtención de un "retorno sobre un retorno" *(return on return)*.

CAPITALIZACIÓN DE MERCADO *(Market capitalization)*. Valor de una empresa en el mercado de acciones dado por el producto entre el valor de una acción en un determinado momento multiplicado por el número total de acciones en circulación.

CARACTERÍSTICAS DE LAS ACCIONES *(STOCK CHARACTERISTICS)*. En las últimas décadas, los administradores financieros y los académicos especializados en finanzas han comenzado a estudiar la forma en que las características de las empresas pueden afectar los retornos de sus acciones. Básicamente, existen dos características de las empresas que han sido analizadas y observadas por académicos y administradores financieros. La primera característica de una empresa es su tamaño, medido según su capitalización de mercado —*market capitalization*, en forma abreviada *market cap*—, que es el valor total de sus acciones en circulación. Este criterio permite distinguir entre, por un lado, las empresas de alta capitalización *(large cap)* —que son las que componen el S&P 500 de la Bolsa de Nueva York—, y por otro lado, el resto de las empresas de baja capitalización *(small cap)*. Existe una variedad de estudios que intentan demostrar que, a largo plazo, las acciones de las empresas de baja capitalización generan retornos más elevados que las de las empresas de alta capitalización, pero al mismo tiempo, su riesgo es mayor.

La otra característica de las empresas observada por los mercados es la calidad. En pocas palabras, existen compañías buenas y malas. En la jerga ordinaria, las acciones de las compañías buenas son denominadas acciones de crecimiento o acciones seguras *(growth stocks)*, y aquellas de empresas malas son conocidas como acciones de valor o acciones riesgosas *(value stocks)*. Se han desarrollado múltiples estudios comparativos de estos tipos de acciones, que muestran que, a largo plazo, las acciones de valor generan retornos mayores que las glamorosas acciones de crecimiento.

COBERTURA *(HEDGING)*. Inversión en un activo para cubrir o reducir riesgo.

COEFICIENTE DE CORRELACIÓN *(CORRELATION COEFFICIENT)*. Medida del grado de relación estadística entre dos o más variables, que puede asumir valores entre 1 positivo (alta correlación) y 1 negativo (baja correlación).

COEFICIENTE DE DISTRIBUCIÓN DE DIVIDENDOS *(DIVIDEND PAYOUT RATIO)*. Porcentaje de las ganancias pagadas en concepto de dividendos.

COEFICIENTE DE GASTOS OPERATIVOS *(EXPENSE RATIO)*. Porcentaje de activos gastados para administrar un fondo común de inversión.

COEFICIENTE PRECIO-GANANCIAS O P/E *(P/E RATIO)*. Relación entre el precio de la acción y la ganancia por acción. También se conoce como el múltiplo P/E *(P/E multiple)*. Cuanto mayor sea el precio de la acción comparado con las ganancias, la acción se considera más cara.

COEFICIENTE PRECIO-VALOR DE LIBROS *(PRICE-BOOK VALUE RATIO)*. Similar al coeficiente P/E. El coeficiente precio-valor de libros *(price-book value ratio)* es el precio por acción dividido por el valor de libros *(book value)* por acción. El valor de libros es el valor patrimonial contable de la empresa y se refleja en su balance. Cuanto menor sea el precio de la acción comparado con el valor de libro, la acción se considera menos cara.

COLOCACIÓN PRIVADA *(PRIVATE PLACEMENT)*. Emisión de títulos vendidos a unos pocos inversores privados.

COMMODITIES. Productos básicos (oro, trigo, etcétera) utilizados en la elaboración de una amplia variedad de bienes y que son comercializados en plazas de intercambio en todo el mundo.

COMPAÑÍA DE INVERSIONES *(INVESTMENT COMPANY)*. Fondo de inversiones que administra fondos comunes a múltiples inversores. Ver fondos comunes de inversión.

COMPRA DE TÍTULOS, CONTRATOS DE COBERTURA O DE FUTUROS U OTROS ACTIVOS FINANCIEROS UTILIZANDO CRÉDITO *(MARGIN)*. Práctica de adquisición de títulos u otros activos financieros con dinero prestado —apalancado o *leveraged*— por un corredor o *broker*.

CONTRARIAN O INVERSOR QUE TOMA LA POSICIÓN OPUESTA AL MERCADO. Inversor que va "contra la manada", comprando activos cuando otros los venden, y viceversa.

CONTRATO A TÉRMINO *(FORWARD CONTRACT)*. Acuerdo por el cual se negocia hoy el precio de un activo a ser entregado en el futuro.

CONTRATO DE FUTUROS *(FUTURES CONTRACT)*. Obligación de compra o venta de un activo a ser entregado en el futuro. Los futuros difieren de los contratos a término *(forward contracts)* dada su estandarización, su negociación en la bolsa y sus requisitos de margen.

CONTRATO DE FUTUROS FINANCIEROS *(FINANCIAL FUTURES CONTRACT)*. Obligación de adquirir —o vender— un título financiero específico, o moneda especificada, a un precio determinado en una fecha específica en el futuro. El vendedor de un contrato de futuros se compromete a entregar el título financiero o la moneda en la fecha acordada, si bien, muy a menudo, los compradores y vendedores liquidan sus obligaciones en el mercado antes de la fecha de vencimiento del contrato. Los contratos de futuros financieros se liquidan en efectivo, y jamás se efectúa la entrega física de los títulos.

CONTRATO DE OPCIÓN *(OPTION CONTRACT)*. Acuerdo que otorga al inversor el derecho pero no la obligación de comprar o vender un activo.

CORREDOR *(BROKER)*. Profesional que ejecuta las adquisiciones y ventas de activos de un inversor, a cambio de una comisión. Los corredores de bolsa que brindan un servicio completo *(full service brokers)* proveen asesoramiento en materia de inversiones; no lo hacen así los *discount brokers*.

CORRELACIÓN *(CORRELATION)*. Medida del grado de asociación de los retornos de dos activos cuando enfrentan un determinado escenario de mercado.

COTIZACIÓN DE COMPRA Y VENTA *(BID AND OFFER PRICE)*. Precios a los cuales el intermediario está dispuesto a comprar o vender un activo.

400(K) Y **401**(B). Véase *Planes de pensiones.*

CUENTA INDIVIDUAL DE JUBILACIÓN *(INDIVIDUAL RETIREMENT ACCOUNT, IRA)*. Cuenta para los ahorros de jubilación —en algunos casos administrada por el propio inversor— que brinda la oportunidad de diferir el pago de impuestos a las ganancias y a las ganancias de capital. Principalmente en los Estados Unidos, las cuentas individuales de jubilación *(Individual Retirement Accounts, IRAs)* son la forma más simple de plan de jubilación, en especial para las personas con un ingreso moderado, dado que pueden deducir sus contribuciones anuales del impuesto a las ganancias. Pero incluso los individuos que ganan ingresos relativamente altos se benefician del hecho de que no se pagan impuestos de ninguna índole sobre las ganancias de los fondos depositados en una cuenta individual de jubilación. Si bien, en última instancia, las ganancias retiradas de estas cuentas de impuestos diferidos serán gravadas, la postergación de impuestos por veinte o veinticinco años constituye una ventaja monetaria enorme de las cuentas individuales de jubilación.

CUPÓN *(COUPON)*. Los pagos periódicos de interés se conocen como el **cupón** del bono, nombre que remite a los viejos tiempos en que los inversores recortaban literalmente cupones de los títulos y los presentaban para su cobranza. La tasa del cupón del bono también conocida como tasa de interés nominal *(coupon rate)* sirve para determinar los pagos de interés: el pago anual es el producto entre la tasa de interés nominal y el valor nominal del bono *(par value)*. La tasa de interés nominal, la fecha de vencimiento y el valor nominal del bono son parte del contrato celebrado entre el emisor y el tenedor del bono (*bond indenture*).

CURVA DE RENDIMIENTOS *(YIELD CURVE)*. Gráfico que representa la relación entre los rendimientos y los distintos vencimientos de títulos de renta fija similares. La curva de rendimientos varía continuamente de acuerdo con las expectativas de los inversores sobre el nivel de las tasas de interés para distintos períodos. En este sentido, la curva marca la estructura temporal de las tasas de interés.

DÉFICIT PRESUPUESTARIO *(BUDGET DEFICIT)*. Monto por el cual el gasto público excede los ingresos.

DESVÍO ESTÁNDAR *(STANDARD DEVIATION)*. Véase *Varianza.*

DIFERENCIAL COMPRADOR-VENDEDOR *(BID-ASKED SPREAD)*. Diferencia entre el precio de compra y venta de un título de un intermediario *(dealer)*.

DINERO EN EFECTIVO *(CASH)*. Véase *Equivalentes al efectivo.*

DIVERSIFICACIÓN *(DIVERSIFICATION)*. Inversión en activos disímiles a los efectos de evitar una exposición excesiva a cualquier fuente única de riesgo.

DIVERSIFICACIÓN DE ACTIVOS *(ASSET DIVERSIFICATION)*. Véase *Diversificación.*

DIVERSIFICACIÓN EFICIENTE *(EFFICIENT DIVERSIFICATION)*. Principio de la Teoría Moderna de Carteras *(Modern Portfolio Theory, MPT)* que sostiene que, para un determinado nivel de riesgo de cartera, los inversores lograrán el mayor retorno esperado mediante la diversificación de la cartera (inversión en activos cuyos retornos tienen baja correlación). La diversificación eficiente no sólo está interesada en la reducción del riesgo, sino también en la preservación u optimización del retorno de la cartera. Establece primero la tasa de retorno que desea obtener el inversor y selecciona, luego, los activos que le permitirán obtener dicha tasa. Teniendo presente que para obtener mayores retornos es necesario asumir mayor riesgo, la diversificación eficiente tiene el objetivo de facilitar al inversor la selección de activos que reducirán todo lo posible el riesgo, pero siempre tomando como dada la tasa de retorno que se desea obtener. La diversificación eficiente tiene un límite que lo fija la tolerancia al riesgo del inversor.

DIVERSIFICACIÓN INGENUA *(NAIVE DIVERSIFICATION)*. Lo opuesto a una diversificación eficiente. El proceso de diversificación tiene un límite. El límite se ubica en el punto en que la diversificación deja de ser eficiente en reducir el riesgo al tiempo que aumenta o mantiene constantes los retornos. Algunos economistas teóricos denominan este fenómeno como diversificación ingenua *(naive diversification)* o sobrediversificación *(over-diversification)*, que implica seleccionar muchas acciones diferentes de una amplia gama de industrias, así como todo tipo de bonos corporativos y bonos del gobierno. Es decir, la diversificación ingenua sólo se concentra en la reducción del riesgo y no presta atención a los retornos, por ello puede dar como resultado una cartera de inversiones sin retornos positivos.

DIVIDENDO *(DIVIDEND)*. Pago a los accionistas asociado a la distribución de las ganancias de una empresa.

DIVIDENDO EN ACCIONES *(STOCK DIVIDEND)*. Dividendo en forma de acciones en lugar de efectivo.

DURACIÓN *(DURATION)*. Medida de la vida promedio de un bono. Cuanto mayor sea la duración, más volátil será el bono.

EFECTIVO *(CASH)*. Véase *Equivalentes al efectivo.*

EJERCICIO *(EXERCISE)*. Acto de ejercicio de una opción. Véase *Precio de ejercicio.*

EQUIVALENTES AL EFECTIVO *(CASH EQUIVALENTS)*. Títulos de corto plazo del mercado monetario, tales como letras del Tesoro, certificados de depósito, papeles o valores negociables, etcétera.

ESTRATEGIA DE INVERSIÓN DE COMPRA Y MANTENENIMIENTO DE ACTIVOS *(BUY-AND-HOLD INVESTMENT STRATEGY)*. Comprar y mantener activos por un largo período, independientemente de las fluctuaciones del mercado.

EURODÓLARES *(EURODOLLARS)*. Depósitos denominados en dólares en bancos fuera de los Estados Unidos, generalmente en Europa.

FONDO COMÚN DE INVERSIÓN *(MUTUAL FUND)*. Fondo de carácter mutualista cuyas participaciones o cuota-partes se venden a los inversores. Un fondo de inversión es una empresa que reúne y administra los fondos de muchos inversores. Cada fondo común de inversión se caracteriza por una política o "estilo" de inversión específico. Por ejemplo, los fondos de **mercado monetario** *(money market mutual funds)* invierten únicamente en activos financieros a corto plazo y de bajo riesgo, mientras que los fondos de **bonos** *(bond funds)* mantienen en su cartera sólo instrumentos de renta fija. Los fondos comunes de inversión de **alto crecimiento** *(aggresive growth* *mutual funds)* se componen de acciones de empresas con gran potencial de crecimiento, como las de los sectores de las telecomunicaciones y la biotecnología. Los fondos comunes de inversión de **ingresos** *(income mutual funds)* mantienen en su cartera una porción sustancial de bonos de alta calidad. Éstos son sólo algunos ejemplos.

FONDO COMÚN DE INVERSIÓN DE ALTO CRECIMIENTO *(AGGRESSIVE GROWTH MUTUAL FUND)*. Véase *Fondo común de inversión.*

FONDO COMÚN DE INVERSIÓN DE INGRESOS *(INCOME MUTUAL FUND)*. Véase *Fondo común de inversión.*

FONDO COMÚN DE INVERSIÓN QUE COBRA UNA COMISIÓN POR LA VENTA DE SUS ACCIONES *(LOAD FUND)*. Fondo común de inversión *(mutual fund)* que carga una comisión —o *load*— cada vez que sus acciones son vendidas.

FONDO COMÚN DE INVERSIÓN QUE NO COBRA UNA COMISIÓN POR LA VENTA DE SUS ACCIONES *(NO-LOAD FUND)*. Fondo común de inversión *(mutual fund)* que ofrece sus acciones sin cargo.

FONDO DE MERCADO *(MARKET FUND)*. Véase *Fondo índice (Index fund)*.

FONDO ÍNDICE *(INDEX FUND)*. Fondo común de inversión que habitualmente posee todos los títulos o valores de un índice determinado, por ejemplo el S&P 500.

FONDO NEGOCIADO EN BOLSA *(EXCHANGE TRADED FUND, ETF)*. Fondos índice que se negocian en los mercados de valores —la mayoría en la *American Stock Exchange* (AMEX)— como si fueran acciones individuales.

FONDOS COMUNES DE INVERSIÓN ABIERTOS *(OPEN-END MUTUAL FUNDS)*. Fondos comunes de inversión que ofrecen un número ilimitado de cuota-partes y que continuamente ofrecen y rescatan estas cuota-partes.

FONDOS COMUNES DE INVERSIÓN CERRADOS *(CLOSED-END MUTUAL FUNDS)*. Un fondo que emite un número fijo de cuota-partes que son negociadas por corredores *(brokers)* a precios de mercado; las cuota-partes no son redimidas.

FONDOS DE COBERTURA *(HEDGE FUNDS)*. Compañías de inversiones, conocidas en el mercado como fondos de cobertura o fondos de activos de rendimiento absoluto, que buscan satisfacer a los inversores más arriesgados y apuntan a la generación de rendimientos positivos independientemente del alza o la baja en los mercados financieros. Por lo general, estos fondos son cerrados (privados) y no están registrados, y tienen flexibilidad para invertir en efectivo, en títulos tradicionales y en cualquier otro instrumento de inversión sofisticado.

FONDOS DE INVERSIÓN EN BIENES RAÍCES *(REAL ESTATE INVESTMENT TRUSTS, REITS)*. Fondos que invierten en bienes raíces o inmuebles y cuyos títulos se comercializan como una acción.

FRONTERA DE EFICIENCIA *(PORTFOLIO CURVE OR EFFICIENT FRONTIER)*. Representa las carteras más eficientemente diversificadas, que ganan la tasa de retorno más elevada para niveles de riesgo dados, o incurren en el nivel de riesgo más bajo posible para tasas de retorno dadas.

GANANCIA DE CAPITAL *(CAPITAL GAIN)*. Monto por el cual la venta de un activo excede al precio de compra.

HORIZONTE TEMPORAL *(TIME HORIZON)*. Período durante el cual se mantiene un activo de inversión. Cuanto mayor sea el período durante el cual se mantiene en cartera un activo de inversión, el retorno efectivo de ese activo se aproximará más a su promedio esperado o histórico. En otras palabras, cuanto mayor sea el tiempo durante el cual se mantiene en cartera un activo de riesgo, menores serán las chances de obtener un mal rendimiento. El período durante el cual un inversor puede mantener una inversión se conoce como la **capacidad de permanencia** *(staying power)*.

ÍNDICE COMPUESTO DE LA BOLSA DE NUEVA YORK *(NEW YORK STOCK EXCHANGE COMPOSITE INDEX)*. Índice promedio ponderado de todas las acciones ordinarias listadas en la Bolsa de Valores de Nueva York *(New York Stock Exchange, NYSE)*.

ÍNDICE NASDAQ *(NASDAQ INDEX)*. Índice de precios de las acciones de las más importantes compañías no financieras listadas en el NASDAQ.

ÍNDICE EAFE *(EAFE INDEX)*. Índice Europeo, Australiano y del Lejano Oriente *(Far East)*, computado por Morgan Stanley, es un índice de acciones no norteamericanas ampliamente utilizado.

INDIZACIÓN *(INDEXING)*. Véase *Administración pasiva*.

INFLACIÓN *(INFLATION)*. Incremento sostenido en el nivel general de precios de los bienes y servicios.

INGRESO O RENTA FIJA *(FIXED INCOME)*. El mercado monetario es un sub-sector —el sub-sector de corto plazo— de lo que se conoce como el mercado de ingreso o renta fija. Los títulos de renta fija son pagarés *(I Owe You's, IOU)* emitidos por gobiernos —que en los Estados Unidos pueden ser a nivel federal, estadual o municipal— y por empresas de todo el mundo. Estos títulos de ingreso o renta fija se denominan así porque el inversor conoce con antelación la fecha y el monto de los pagos periódicos de interés.

INTERMEDIARIO *(DEALER)*. Instituciones que compran y venden títulos por su propia cuenta. En otras palabras, son dueños de distintos instrumentos financieros disponibles, comercian su propia posición con el público y otros intermediarios, y corren todos los riesgos. Parte de la función de los intermediarios como creadores del mercado involucra la suscripción de nuevas emisiones de valores, como bonos y acciones.

INTERMEDIARIO FINANCIERO *(FINANCIAL INTERMEDIARY)*. Instituciones tales como bancos, cooperativas de crédito *(credit unions)*, compañías aseguradoras y empresas de inversiones que hacen el trabajo de coordinación entre los distintos usuarios o sectores del mercado. Mediante la mancomunidad de los recursos de varios inversores pequeños, los intermediarios financieros son capaces de prestar importantes montos de dinero a grandes prestatarios y, a la vez, de lograr una diversificación del riesgo que les permite otorgar préstamos que resultarían muy riesgosos de manera individual. Además, debido a la gran cantidad de transacciones que realizan, los intermediarios financieros adquieren una gran experiencia *(expertise)*.

INVERSIÓN ACTIVA *(ACTIVE INVESTING)*. Estrategia de inversión que intenta superar el rendimiento de un índice de referencia conocido *(benchmark)*, tal como el "S&P 500", mediante la selección de buenos activos y el aprovechamiento oportuno de los movimientos del mercado.

INVERSIÓN PASIVA *(PASSIVE INVESTING)*. Véase *Administración pasiva.*

LETRA DEL TESORO *(TREASURY BILL)*. Título de renta fija emitido por el gobierno de los Estados Unidos (u otros países desarrollados) a corto plazo y alta liquidez. También puede definirse como los títulos de deuda con vencimiento inferior a un año, emitida regularmente por un gobierno.

LIBOR *(TASA INTERBANCARIA DE OFERTA DE LONDRES)*. Tasa de interés a la cual los bancos internacionales más importantes de Londres se prestan eurodólares entre sí.

LIQUIDEZ *(LIQUIDITY)*. Se refiere a la velocidad y facilidad con que puede venderse un activo sin pérdida de valor.

MERCADO DE BÚSQUEDA DIRECTA *(DIRECT SEARCH MARKET)*. El mercado menos sofisticado y organizado donde los vendedores y los compradores se buscan entre sí de manera directa.

MERCADO DE CORREDORES *(BROKERED MARKET)*. Mercado en el que es rentable para los corredores, ofrecer sus servicios para reunir a compradores y vendedores a cambio de una comisión. Un ejemplo de este tipo de mercados es la actividad inmobiliaria, donde los corredores buscan potenciales vendedores y compradores, y desarrollan experiencia especializada *(expertise)* en la valuación de los activos comercializados.

MERCADO DE ENTREGA INMEDIATA *(SPOT MARKET)*. Mercados donde las transacciones se liquidan en el momento *(spot)*.

MERCADO DE FUTUROS *(FUTURES MARKET)*. Mercado donde se negocian activos —*commodities* y toda clase de títulos y monedas— que se entregan en una fecha futura, pero a un precio negociado hoy. Este acuerdo, denominado **contrato de futuros** *(futures contract)* obliga a las partes aunque rara vez se hace la entrega física de los activos.

MERCADO DE INTERMEDIARIOS *(DEALER MARKET)*. Mercado en el cual los operadores *(traders)* compran y venden activos por su propia cuenta. Un ejemplo es el mercado extrabursátil o no organizado *(Over-The-Counter market, OTC)*.

MERCADO DE SUBASTAS *(AUCTION MARKET)*. Un mercado en el que todos los operadores se reúnen en un solo lugar para la compra o venta de activos. Un ejemplo es la Bolsa de Nueva York (The New York Stock Exchange).

MERCADO EN ALZA *(BULL MARKET)*. Un período, habitualmente de meses o años de duración, en que acontece una suba generalizada de los precios de los títulos.

MERCADO EN BAJA *(BEAR MARKET)*. Un período, habitualmente de meses o años de duración, en que acontece una baja generalizada de los precios de los títulos.

MERCADO EXTRABURSÁTIL *(OVER-THE-COUNTER, OTC)*. Red informal de corredores e intermediarios que negocian títulos de modo no organizado.

MERCADO MONETARIO *(MONEY MARKET)*. Los mercados financieros están segmentados, tradicionalmente en **mercados monetarios** *(money markets)* y **mercado de capitales** *(capital markets)*, y cada uno tiene su propio conjunto de instrumentos de inversión. Los instrumentos del mercado monetario son títulos de deuda a corto plazo, de alta liquidez y de bajo riesgo, a veces conocidos como **efectivo** *(cash)* o equivalentes al efectivo *(cash equivalents)*.

MERCADO PRIMARIO *(PRIMARY MARKET)*. Mercado que surge cuando los bancos de inversión, actuando como corredores o suscriptores de una emisión de valores, ofrecen directamente al público nuevas emisiones de títulos.

MERCADO SECUNDARIO *(SECONDARY MARKET)*. Mercado en el que cotizan, es decir, se pueden comprar o vender, títulos anteriormente emitidos y ya en circulación. La comercialización de los títulos ya existentes puede darse en las bolsas de comercio o en el mercado extrabursátil *(Over-The-Counter market, OTC)*, sin la intervención de la entidad emisora.

MERCADOS DE VALORES *(EXCHANGE MARKETS)*. Mercados secundarios en los cuales los miembros comercializan títulos ya emitidos.

MODELO DE VALUACIÓN DE ACTIVOS FINANCIEROS *(CAPITAL ASSET PRICING MODEL, CAPM)*. Teoría que sostiene que no todos los riesgos merecen una recompensa. Antes del desarrollo del CAPM, se pensaba que el retorno de un activo de inversión estaba relacionado con el riesgo total inherente a éste. El aporte de la nueva teoría es la afirmación de que el riesgo total de cada activo específico es irrelevante. El componente sistemático o de mercado es el único que permitirá obtener mayores retornos. En otras palabras, el CAPM postula que no se recibe una prima por realizar una inversión cuyos riesgos pueden ser reducidos o eliminados mediante la diversificación.

MONEDA BASE *(BASE CURRENCY)*. Véase *Moneda de referencia.*

MONEDA DE REFERENCIA *(CURRENCY OF REFERENCE)*. Moneda con la que todas las inversiones de un determinado inversor serán medidas y evaluadas.

NASDAQ *(NATIONAL ASSOCIATION OF SECURITIES DEALERS AUTOMATED QUOTATIONS)*. Mercado automatizado focalizado en nuevas industrias y empresas tecnológicas.

NOTA *(NOTE)*. Pagaré con vencimiento mayor al año pero menor a los diez años.

NOTA DEL TESORO *(TREASURY NOTE)*. Título de deuda emitido por el gobierno de los Estados Unidos con vencimiento entre uno y diez años.

OFERTA MONETARIA O CANTIDAD DE DINERO *(MONEY SUPPLY)*. Cantidad de dinero en la economía de un país medida por el circulante más los depósitos en cuentas corrientes, las cajas de ahorro, los certificados de depósito, etcétera.

OFERTA PÚBLICA *(PUBLIC OFFERING)*. Emisión de títulos que se venden al público en general.

OFERTA PÚBLICA INICIAL, OPI *(INITIAL PUBLIC OFFERING, IPO)*. Primera emisión pública de acciones ordinarias de una empresa.

OPCIÓN DE COMPRA *(CALL OPTION)*. Acuerdo entre un comprador y un vendedor que otorga al comprador el derecho de comprar un activo a un precio determinado antes o en la fecha de vencimiento acordada.

OPCIÓN DE VENTA *(PUT OPTION)*. Acuerdo entre un comprador y un vendedor que otorga al comprador el derecho de (pero no la obligación) de vender un activo a un precio determinado antes o en la fecha de vencimiento especificada.

OPCIÓN EUROPEA *(EUROPEAN OPTION)*. Opción que puede ejercerse únicamente en la fecha de vencimiento.

OPCIÓN EUROPEA-OPCIÓN AMERICANA *(EUROPEAN OPTION-AMERICAN OPTION)*. Una opción americana puede ser ejercitada en cualquier momento antes de la fecha de vencimiento. Una opción europea puede ejercerse únicamente en la fecha de vencimiento.

OPERACIÓN BASADA EN INFORMACIÓN PRIVILEGIADA *(INSIDER TRADING)*. Compra y venta de títulos de una empresa por parte de empleados, accionistas importantes u otros que tienen información interna privilegiada de la misma, lo cual les permite obtener un beneficio no accesible al resto del público.

ORDEN DE EJECUCIÓN AL MEJOR PRECIO DE MERCADO *(MARKET ORDER)*. Orden de compra o venta de títulos al precio actual de mercado.

PAPELES O VALORES NEGOCIABLES *(COMMERCIAL PAPERS)*. Deuda de corto plazo emitida por empresas.

PASEO ALEATORIO *(RANDOM WALK)*. Expresión que describe la noción de que los cambios en el precio de un título son aleatorios e impredecibles.

PLAN DE PENSIÓN DE APORTES DEFINIDOS *(DEFINED CONTRIBUTION PLAN)*. Plan de ahorros de pensión por el cual el empleador se compromete a realizar contribuciones a la par del empleado de acuerdo con una fórmula fija.

PLAN KEOGH. El Congreso de los Estados Unidos ha creado un plan de jubilación para profesionales independientes —contadores, médicos, diseñadores, agentes inmobiliarios— denominado Plan Keogh. Este programa permite a quienes trabajan por cuenta propia aportar a la jubilación hasta un 25% de sus ingresos, con un límite annual de US$30.000. Los fondos invertidos en el Plan Keogh son deducibles de los ingresos imponibles y las ganancias se gravan únicamente al ser retiradas.

Planes de pensión de beneficios definidos *(Defined benefit plans)*. Plan de ahorros de pensión que define el monto exacto que un inversor recibirá en su jubilación.

Planes de pensiones *(Pension plans)*. Los planes de retiro más populares del mundo los proveen los empleadores importantes, tanto privados como gubernamentales. En los Estados Unidos, los planes de jubilación (*pension plans*) más populares los proveen los principales empleadores del sector privado como el sector público: el 401(k) lo ofrece la mayoría de las empresas y el 403(b) las instituciones educativas. En la mayoría de los países europeos existen planes similares. La gran ventaja de estos planes para el ahorro y la inversión reside en que los fondos se deducen automáticamente del recibo de salario y pueden invertirse en una variada gama de instrumentos, tales como fondos comunes de inversión, acciones, bonos y otras categorías de activos. Asimismo, muchas empresas ofrecen planes donde hacen un aporte igual o similar al del empleado, multiplicando así los ahorros. Como en el caso de las cuentas individuales de jubilación, los aportes a los planes de jubilación y seguros de retiro no se consideran ingresos gravables. En América Latina existe una gran variedad de planes de pensión, tanto públicos como privados pero, generalmente, los fondos son administrados ya sea por el propio Estado o por empresas administradoras de fondos de pensión.

Política de asignación *(Policy allocation)*. Véase *Política de asignación de activos.*

Política de asignación de activos *(Policy asset allocation)*. Proceso genérico mental y práctico que el inversor puede seguir a fin de determinar la estructura de asignación de activos más adecuada. Este proceso iterativo, que se aplica y corrige continuamente, ayuda a cada inversor a alcanzar lo que se conoce como "**política de asignación de activos**" (*policy asset allocation*), "**política de asignación**" (*policy allocation*) o

"política de cartera" (*policy portfolio*) que, esencialmente, es la estructura o composición de activos diversificados más adecuada para un inversor en particular.

POLÍTICA DE CARTERA *(PORTFOLIO POLICY)*. Véase *Política de asignación de activos.*

POLÍTICA MONETARIA *(MONETARY POLICY)*. Acciones tomadas por los Bancos Centrales para influir sobre la cantidad de dinero u oferta monetaria y, por consiguiente, en las tasas de interés y la inflación.

PRECIO DE COMPRA *(BID PRICE)*. Precio al cual un intermediario *(dealer)* está dispuesto a comprar un activo.

PRECIO DE EJERCICIO *(STRIKE PRICE)*. Precio establecido para la compra o la venta de un activo. Dicho de otro modo, precio al que puede ejercerse una opción de compra o una opción de venta.

PRECIO DE VENTA *(ASKED PRICE)*. Precio al cual un intermediario *(dealer)* está dispuesto a vender un activo.

PRIMA *(PREMIUM)*. Precio de compra de una opción.

PRIMA DE RIESGO *(RISK PREMIUM)*. Rentabilidad adicional (esperada) por realizar una inversión riesgosa en lugar de una libre de riesgo.

PRODUCTO BRUTO INTERNO O PBI *(GROSS DOMESTIC PRODUCT, GDP)*. Valor de mercado de la producción anual de bienes y servicios de una nación.

PROMEDIO INDUSTRIAL DOW JONES (O ÍNDICE PROMEDIO INDUSTRIAL DOW JONES) *(DOW JONES INDUSTRIAL AVERAGE, DJIA)*. Índice de precios ponderado de las acciones de las 30 empresas más importantes de la Bolsa de Nueva York (NYSE).

PROTECCIÓN CONTRA RESCATE ANTICIPADO *(CALL PROTECTION)*. **Período inicial durante** el cual un bono redimible *(callable bond)* **no puede ser recomprado** por el emisor.

PUT. Véase *Opción de venta.*

RECESIÓN *(RECESSION).* Contracción del PBI, habitualmente por al menos dos cuatrimestres consecutivos.

RECOMPRA DE ACCIONES *(STOCK BUYBACK).* La recompra por parte de una empresa de algunas de sus propias acciones en circulación en la bolsa de valores.

REEQUILIBRAR UNA CARTERA *(REBALANCING).* Realineamiento (mediante la compra y venta de activos) orientado a mantener las proporciones de activos que integran la cartera cerca del "ideal" originalmente elegido por el inversor.

RENDIMIENTO *(YIELD).* Véase *Tasa de retorno.*

RENDIMIENTO AL VENCIMIENTO *(YIELD TO MATURITY).* Tasa de retorno esperado de un bono cuando se retiene hasta su vencimiento.

RENDIMIENTO CORRIENTE *(CURRENT YIELD).* El cociente entre el interés anual de un bono y su actual precio de mercado. Difiere del rendimiento al vencimiento.

RENTABILIDAD O RENDIMIENTO DE DIVIDENDOS *(DIVIDEND YIELD).* El cociente entre los dividendos pagados y el precio promedio de la acción en un determinado período.

RESISTENCIA *(RESISTANCE).* Precio que un título no pudo quebrar en el pasado.

RETORNO *(RETURN).* Véase *Tasa de retorno.*

RETORNO DE INVERSIÓN. Véase *Tasa de retorno.*

RETORNO ESPERADO, PROMEDIO O HISTÓRICO *(EXPECTED RETURN).* Tasa de retorno que un inversor espera obtener de una inversión en relación al rendimiento histórico de los activos que compra.

REVERSIÓN MEDIA *(MEAN REVERSION).* Tendencia de los precios de los activos a volver a sus valores promedio de largo plazo.

RIESGO *(RISK)*. Posibilidad de que la tasa de retorno esperado de un título no se materialice en el futuro. El riesgo total de un activo de inversión se define como la volatilidad o inestabilidad de sus retornos periódicos.

RIESGO CAMBIARIO *(EXCHANGE RISK)*. Incertidumbre en el retorno de un activo debido a las fluctuaciones en los tipos de cambio entre dos monedas.

RIESGO DE INCUMPLIMIENTO *(DEFAULT RISK)*. Riesgo de que el emisor del bono enfrente dificultades financieras y no efectúe los pagos de interés y capital.

RIESGO DE INVERSIÓN. Véase *Riesgo*.

RIESGO DE RESCATE ANTICIPADO *(CALLABILITY RISK)*. Muchos bonos son emitidos con cláusulas que le permiten al emisor cancelarlos (hacerlos pagaderos) antes de su vencimiento. En este caso, los inversores reciben el valor nominal de los bonos, pero luego deben buscar otras alternativas para invertir el dinero cobrado. Los bonos que permiten este rescate se denominan **bonos redimibles o de rescate anticipado** (*callable bonds*).

RIESGO NO SISTEMÁTICO *(UNSYSTEMATIC RISK)*. Riesgo específico de la empresa (o el gobierno o de los segmentos industriales del mercado) que puede ser diversificado. Por el contrario, el riesgo sistemático o de mercado se refiere a los factores de riesgo comunes al mercado en su totalidad, y no puede diversificarse.

RIESGO SISTEMÁTICO O DE MERCADO *(SYSTEMATIC OR MARKET RISK)*. Riesgo que afecta a todos los activos y no puede diversificarse.

SECURITY AND EXCHANGE COMMISSION, SEC. Organización controlada por el Estado que supervisa las operaciones en el mercado de valores en los Estados Unidos.

STANDARD & POOR'S **500, S&P 500**. Índice de capitalización ponderada de 500 acciones de la Bolsa de Nueva York (NYSE). Incluye a las empresas más representativas de los principales sectores ponderadas según el valor total del mercado según sus acciones en circulación.

SUPERAR O GANARLE AL MERCADO *(BEATING THE MARKET)*. Obtención de una tasa de retorno que supera en forma regular el desempeño promedio del mercado representado por un índice amplio de mercado.

SUSCRIPCIÓN DE UNA EMISIÓN *(UNDERWRITE)*. Proceso por el cual los bancos de inversión colocan acciones y bonos de una empresa en el mercado para permitir su financiamiento.

TASA DE INTERÉS NOMINAL O TASA DE RETORNO NOMINAL *(NOMINAL INTEREST RATE OR NOMINAL RETURN RATE)*. Tasa de interés o de retorno no ajustada por inflación.

TASA DE INTERÉS REAL O TASA DE RETORNO REAL *(REAL INTEREST OR REAL RETURN RATE)*. Diferencia entre la tasa de interés o de retorno nominal y la tasa de inflación para el mismo período. El crecimiento en el poder adquisitivo derivado de la inversión.

TASA DE RETORNO *(RATE OF RETURN)*. Cambio porcentual en el valor de un activo, incluyendo ganancias de capital y pagos en efectivo tales como los dividendos.

TASA LIBRE DE RIESGO *(RISK-FREE RATE)*. Tasa de interés que puede ser obtenida con certeza.

TEORÍA DEL COMPORTAMIENTO FINANCIERO *(BEHAVIORAL FINANCE)*. Campo que estudia cómo la naturaleza humana induce a los inversores a la toma de decisiones financieras y económicas irracionales. Busca explicar las excepciones a la teoría de los mercados eficientes.

TEORÍA DE LOS MERCADOS EFICIENTES *(EFFICIENT MARKET THEORY)*. Teoría que sostiene que los precios de las acciones y los bonos reflejan casi al instante toda la información pertinente, incluso la información de quienes ocupan una situación ventajosa o poseen información privilegiada (*insiders*). Esto implica que los títulos comercializados no están sobrevaluados ni subvaluados y, en consecuencia, no es posible obtener ganancias inusualmente grandes de manera sistemática. Por lo tanto, los inversores no pueden ganarle a los mercados constantemente.

TEORÍA MODERNA DE CARTERAS *(MODERN PORTFOLIO THEORY, MPT)*. Teoría que explica a los inversores cómo combinar títulos volátiles de tal manera que la cartera resultante sea menos riesgosa que cualquiera de los títulos individuales que la componen.

TIPS (TÍTULOS DEL TESORO PROTEGIDOS CONTRA LA INFLACIÓN) *(TREASURY INFLATION PROTECTED SECURITIES, TIPS)*. Las tasas de interés tienden a aumentar con la inflación —el incremento en los precios de bienes y servicios— y, en ese contexto, los precios de los bonos tienden a caer. Normalmente, la inflación no anticipada resulta devastadora para los tenedores de bonos. Sin embargo, para protegerse de la inflación, los inversores tienen a su disposición un escudo: los Títulos del Tesoro protegidos contra la Inflación emitidos por los Estados Unidos, otros gobiernos de economías desarrolladas y países emergentes. Si se retienen en cartera hasta el vencimiento, estos títulos protegerán a los inversores de la erosión que produce la inflación y garantizarán la preservación de su poder adquisitivo.

Los Títulos del Tesoro protegidos contra la Inflación pagan una tasa de interés básica, pero los pagos de interés dependen del monto del capital o valor nominal del bono, que aumenta conforme al índice de precios al consumidor, IPC *(Consumer Price Index, CPI)*. En los Estados Unidos, cada seis meses se ajustan los pagos de interés para que reflejen la inflación del período. Al vencimiento, el inversor obtiene el capital original más un monto adicional relacionado con la inflación acumulada durante la vida del bono. Si bien, en general, estos títulos no proporcionan retornos deslumbrantes, hoy en día, ningún otro instrumento financiero brinda una cobertura tan confiable contra la inflación. Los TIPS son los instrumentos ideales para los inversores que están planeando su jubilación, puesto que garantizan la preservación del poder adquisitivo, independientemente de las constantes fluctuaciones del mercado.

TÍTULO *(SECURITY)*. Cualquier activo financiero del cual se espera una tasa de retorno.

TÍTULO DE INGRESO O RENTA FIJA *(FIXED-INCOME SECURITY)*. Título —por ejemplo, un bono—, con fechas y monto de los pagos periódicos de interés establecidos.

TÍTULO O ACTIVO LIBRE DE RIESGO *(RISK-FREE SECURITY)*. Activo con tasa de retorno asegurada (generalmente, las letras del Tesoro).

VALOR NOMINAL *(FACE OR PAR VALUE)*. Principal de un bono, que será pagado al vencimiento.

VARIANZA *(VARIANCE)*. Medida de la fluctuación de los retornos de un título. Cuanto mayor es la variación diaria o mensual de la tasa de retorno, mayor es la varianza del título. Este fenómeno también es conocido como **volatilidad**. Cuanto mayor sea la volatilidad de un título, mayor será la incertidumbre del inversor respecto del retorno que obtendrá de un período al siguiente; y mayor incertidumbre genera mayor riesgo de inversión.

VENTA EN DESCUBIERTO *(SELLING SHORT)*. Venta de un título que el inversor no posee, con la expectativa de que el precio del título probablemente bajará.

VOLATILIDAD *(VOLATILITY)*. Fluctuaciones en el precio de un activo.

WILSHIRE 5000/7000. En los Estados Unidos, Wilshire 5000/7000 es un índice más amplio del mercado que contiene la mayor parte de las acciones negociadas en el mercado *(Total Market Index Fund)*, es decir, un fondo índice con una base amplia que mantiene virtualmente todas las acciones o bonos del mercado.

Índice temático

Planeta

España
Av. Diagonal, 662-664
08034 Barcelona (España)
Tel. (34) 93 492 80 36
Fax (34) 93 496 70 58
Mail: info@planetaint.com
www.planeta.es

Argentina
Av. Independencia, 1668
C1100 ABQ Buenos Aires
(Argentina)
Tel. (5411) 4382 40 43/45
Fax (5411) 4383 37 93
Mail: info@eplaneta.com.ar
www.editorialplaneta.com.ar

Brasil
Rua Ministro Rocha Azevedo, 346 -
8º andar
Bairro Cerqueira César
01410-000 São Paulo, SP (Brasil)
Tel. (5511) 3088 25 88
Fax (5511) 3898 20 39
Mail: info@editoraplaneta.com.br

Chile
Av. 11 de Septiembre, 2353,
piso 16
Torre San Ramón, Providencia
Santiago (Chile)
Tel. Gerencia (562) 431 05 20
Fax (562) 431 05 14
Mail: info@planeta.cl
www.editorialplaneta.cl

Colombia
Calle 73, 7-60, pisos 7 al 11
Santafé de Bogotá, D.C.
(Colombia)
Tel. (571) 607 99 97
Fax (571) 607 99 76
Mail: info@planeta.com.co
www.editorialplaneta.com.co

Ecuador
Whymper, 27-166 y Av. Orellana
Quito (Ecuador)
Tel. (5932) 290 89 99
Fax (5932) 250 72 34
Mail: planeta@access.net.ec
www.editorialplaneta.com.ec

Estados Unidos y Centroamérica
2057 NW 87th Avenue
33172 Miami, Florida (USA)
Tel. (1305) 470 0016
Fax (1305) 470 62 67
Mail: infosales@planetapublishing.com
www.planeta.es

México
Av. Insurgentes Sur, 1898, piso 11
Torre Siglum, Colonia Florida, CP-01030
Delegación Álvaro Obregón
México, D.F. (México)
Tel. (52) 55 53 22 36 10
Fax (52) 55 53 22 36 36
Mail: info@planeta.com.mx
www.editorialplaneta.com.mx
www.planeta.com.mx

Perú
Grupo Editor
Jirón Talara, 223
Jesús María, Lima (Perú)
Tel. (511) 424 56 57
Fax (511) 424 51 49
www.editorialplaneta.com.co

Portugal
Publicações Dom Quixote
Rua Ivone Silva, 6, 2.º
1050-124 Lisboa (Portugal)
Tel. (351) 21 120 90 00
Fax (351) 21 120 90 39
Mail: editorial@dquixote.pt
www.dquixote.pt

Uruguay
Cuareim, 1647
11100 Montevideo (Uruguay)
Tel. (5982) 901 40 26
Fax (5982) 902 25 50
Mail: info@planeta.com.uy
www.editorialplaneta.com.uy

Venezuela
Calle Madrid, entre New York y Trinidad
Quinta Toscanella
Las Mercedes, Caracas (Venezuela)
Tel. (58212) 991 33 38
Fax (58212) 991 37 92
Mail: info@planeta.com.ve
www.editorialplaneta.com.ve

Grupo Planeta   Planeta es un sello editorial del Grupo Planeta   www.planeta.es